3歳から6歳

保育・子育てと
発達研究をむすぶ

幼児編

神田英雄
Kanda Hideo

はじめに

六月。幼稚園で子どもたちを観察していたときのことです。

晴れていた空が急に曇って、ものすごい雨が降り出しました。激しい雨足がテラスをたたき、はじけた雨粒が霧のようになってベランダをおおっています。

五歳児のさっちゃんが、「雨を見て来よう！」と、ベランダに続くガラス戸を開けました。雨を含んだ風がひやりと保育室のなかに流れ込んできました。

さっちゃんは一歩ベランダに足を踏み出したとたん、ハッとしたようすで立ち止まり、私をふりかえって、強い調子でこう言いました。

「わたし、晴れの日よりも雨の方が好き！　だって、雨のいいにおいがするもん！」

少し大げさかもしれませんが、そのとき私は「この子、今、雨の風情に気がついた！」と感じました。

さっちゃんの情緒が深くなったと思ったら、いとおしさがこみあげてきました。

私は父親として息子たちと関わってきました。本文中にも書きましたが、わが子を見つめる親の気持ちは一様ではありません。あるときはかわいくいとおしい気持ちがいっぱいで、子どものちょっとしたミスなどは笑って許せてしまいます。しかし、子どものやることなすことがみんなダメに見えて、「なんて情けない子だろう」と落ち込んでしまうときもあります。そういうときは、子どもをかわいいと思う気持ちも失せて、ちょっとしたミスが許せず、理不尽なほど叱りつけてしまうものです。

子どもをかわいいと思っているとき、親はしあわせですし、子どももしあわせでしょう。しかし、子どもを叱ってばかりのときは、子どももかわいそうですが、親も決してしあわせではありません。

何が親の気持ちを左右するのでしょうか。

さまざまな原因があることと思います。子どもを「外の目」で見てしまうことも、原因の一つではないでしょうか。「できるかできないか」という「外の目」で子どもを見ていると、「ダメだ」「情けない」が目につきやすくなって、怒りやすくなってしまう。逆に、子どもを「内側からの目」で見て、その子の気持ちや心を洞察できたとき、いとおしさがこみあげてくるように思います。

冒頭であげたさっちゃんをいとおしく思ったのも、彼女の気持ちを理解できたからです。さっちゃんを外の目で見て、「雨が降ってるのにどうして戸を開けるの？　雨が吹き込んで来るでしょ！」と思ったら、いとおしく思うどころか、イラダチを感じてしまったかもしれません。

親には子どもを育てる責任が与えられています。勉強に遅れないようにしなければ、きちんと自立できるようにしなければ、自分のことは自分でやれるようにしなければ…。責任感があるがゆえに、「できるかできないか」に目を向けざるを得ません。それは当然のことだし、決して悪いことではありません。しかし、「できない」と感じたとき、責任感はあせりに転じて、ますます「できるかできないか」という見方にのめり込んでしまうことがあります。そのとき、子どもの心を洞察するゆとりを失い、「親と子の苦しい時間」を引き寄せてしまうのではないでしょうか。

保育者も基本的には同じだと思います。「運動会をりっぱにやらなければ」「卒園式までに、ここまで育てなければ」という責任感は、ときとして子どもを外側から見る方向に、保育者の目をぶれさせてしまいます。

子どもは、理解されて育つ存在です。自分が理解されていると思えるとき、精神的に安定し、自分を信じてちょっと背伸びをして新しいことに挑戦し、自らを育てていきます。親や保育者にとって、子どもを見る「外の目」は必要ですが、それ以上に、「内側の目」が必要であるはずです。

本書の目的は、保育者や両親を読者対象として、三歳児クラスから五歳児クラスまでの子どもの発達を説明することです。できるだけ「内側の目」で子どもを理解したいために、発達心理学の諸研究を視野に入れてはいますが、主として保育実践記録から子どもの姿を拾い、それらを整理することによって、生きて生活する「生身の子ども」を描き出そうと試みました。しかし、言語表現力の未熟な幼児に気持ちをたずねるわけにはいきません。どこまで迫ることができたかは、読者のみなさんの判断にゆだねさせてください。

本書は、年齢別に発達を追っていますが、各年齢で「自我の発達」「人との関わりの発達」「認識能力の発達」を三つのテーマとしてかかげました。発達は、ことばの発達、身辺活動の自立、運動能力の発達など、さまざまな角度から研究することが可能です。たくさんのテーマがあるなかで右の三つのテーマを選んだのは、子どもが生きていくうえで、この三つが最も重要だと考えたからです。

自我の発達をとりあげたのは、次のような理由からです。多少ことばが遅くても、あるいは、おむつの外れるのが多少遅くとも、子どもは一人ひとりちがうのですから年齢発達に照らし合わせて神経質に点検していく必要はないでしょう。しかし、「自分に自信をもてず、自分に誇りをもてない」ということは、どの年齢においても、あってはならないことです。どの子も自分に誇りをもって、いきいきと輝いていてほしい。だからこそ、自分を見つめる心＝自我の育ちを見つめていきたいと考えます。

人は人によって励まされもするけれど、人によって深く傷つけられもします。他の人びととの関わりから、人間は最も大きな影響を受けます。人間関係の重要性は、幼児期においても例外ではありません。また、幼児期においては、大人との関係は安心感と勇気のよりどころでもあります。そこで、友だちとの関係と大人との関係を二つの柱として含み込んだ人との関わりの発達を、第二の大きなテーマにすえました。

今の日本社会において、「考える力」は、「入試のための力」というニュアンスがつきまとってしまいますが、本来的な「考える力」とは、賢く生きるための力であったはずです。とりわけ幼児期には、考える力の発達と毎日をよりよく生きていく力とは密接不可分の関係にあります。自分をふりかえって考える自我の発達にも、友だちや大人を理解する人間関係の発達にも、考える力は密接に絡み合っているはずです。そこで、「認識能力」を第三のテーマとして、生活のなかで発揮され育っていくという角度からとりあげました。

第一章から第三章までは、三歳児から五歳児まで、一年ごとに発達を説明しました。各章のなかで、順序は一定ではありませんが、「自我の発達」「人との関わりの発達」「認識能力の発達」とを、節に分けて説明しました。ただし、幼児は一年でがらっと変わってしまうわけではありませんし、個人差もあります。四歳児クラスの特徴として記したことが五歳児クラスの子どもたちに見られたとしても、むしろ当然と考えてください。各年齢をつながりのなかで理解していただけたらさいわいです。

第四章は小学生のころの発達に当てました。小学生の発達研究は私の専門ではありませんので、くわしく書き込むことができません。その後の成長を展望して幼児期を位置づけるための章だと理解していただきたいと思います。

本文中の年齢表記は、特別にお断りをしないかぎり、年齢クラスを指しています。「三歳児」とは、三歳児クラスに所属する子どもという意味です。三歳児クラスに所属しているあいだにすべての子どもは四歳のお誕生日を迎えるわけですから、「三歳児」を歴年齢に換算すれば、四歳ゼロか月を中心とした前後約一年間を指すことになります。

本書は拙著『0歳から3歳』（全国保育団体連絡会　発売・草土文化、一九九七）の続編に当たります。『0歳から3歳』は雑誌『ちいさいなかま』（一九九四年一〇月号〜一九九五年六月号）に連載した「発達研究と実践をむすぶ」に加筆したものですが、本書は「発達研究と実践をむすぶ」の加筆ではなく、一部を除いて全面的に書き改めました。

また、『伝わる心がめばえるころ——二歳児の世界』（かもがわ出版、二〇〇四）の続編としても位置づけてあります。

目次

はじめに――3

第1章
三歳児クラスの子どもたち――15

❶…イッチョマエの三歳児――三歳児の自我 16
「しょうぼうじどうしゃじぷた」の時代 16
三歳児の主観と客観 23
誇り高き三歳児に応える 32

❷…ことばで考える力の誕生――三歳児の認識 35
表情からことばへ 35
乳児から幼児へ 41

わかって動く喜び 55
❸…大人からのちょっとだけの自立と、「おれたち、わたしたちの世界」の幕開け――三歳児の人との関わり 59
大人からのちょっとだけの自立 59
「おれたち、わたしたちの世界」の幕開け 64

第2章
四歳児クラスの子どもたち――75

❶…ふりかえりはじめる四歳児――四歳児の自我 76
名実ともに胸を張りたい 76
期待に応えようとする気持ちと、理解の不十分性と 84
「あこがれ」が子どもを育てる 101
❷…たしかな認識能力の育ちが始まる――四歳児の認識 106
事実に教えられて自らを育てる力 106

認識に入り込む人間関係 117
❸…人間関係を自覚しはじめるころ——四歳児の人との関わり 123
大人との関係をふりかえる 123
友だちとの関係をきずく努力 130

第3章
五歳児クラスの子どもたち——143

❶…思いをめぐらせる五歳児——五歳児の認識 144
まだまだ未熟な五歳児の認識 144
五歳児の認識の到達点 154
ゆとりと創造性が生まれる 171
❷…新しい協力関係の育ち——五歳児の人との関わり 176
やさしさと甘えと 176

理解しあい、協力しあう子どもたち 187

❸…自分を受け入れ、相手を認めるゆとりある五歳児の自我——五歳児の自我 199

第4章
少年期への育ちを見とおす——203

❶…三～四年生の知的な飛躍 204

❷…三、四年生ごろの自我の育ちと人間関係の新たな展開 208

心を秘めはじめるころ 208

友だちのなかでの自立 211

❸…小学校低学年の位置 215

おわりに——218

第1章

三歳児クラスの子どもたち

イッチョマエの三歳児

三歳児の自我

❶「しょうぼうじどうしゃじぷた」の時代

「しょうぼうじどうしゃじぷた」の時代

『しょうぼうじどうしゃじぷた』（渡辺茂男・山本忠敬、福音館書店、一九六三）という絵本があります。

ジープを改良した消防車のじぷたは、ちいさいので、高圧車のぱんぷくんや、はしご車ののっぽくん、救急車のいちもくさんたちにばかにされています。じぷたは「自分だって火事を消せるんだぞ」と思っていますが、悲しいことに、なかなか出動命令が出ません。ある日、隣町で山火事が起こり、とうとうじぷたに出動命令が出ました。じぷたは大活躍。

山火事を消したじぷたの勇姿は新聞にも掲載され、町の子どもたちもじぷたを見学に来るようになりました。そして、隣町はじぷた第二号を購入することに決めたのでした。

三歳児は消防自動車じぷたの時代だと思います。『しょうぼうじどうしゃじぷた』の絵本を読む年齢だという意味ではありません。この本は、多くの三歳児にはまだむずかしいでしょう。そうではなくて、「ちいさいけれど性能はいいんだぞ」というじぷたの主張が、そのまま三歳児の自我だと思うのです。

自我が芽生えて自分を意識するようになった一歳なかば以降、子どもは日々大きくなっていく自分を意識して生きてきました。衣服の着脱もできて、靴の左右もまちがえなくなった二歳児のころは、何かができるたびに「見て見て」と大人をふりかえり、賞賛を求めました。自分の成長に自信満々だからこそ、すべり台を逆さから登ってみたり、歩道の真ん中を歩かずにわざわざ縁石の上を歩いてみるなど、いろいろなことに挑戦してきました。

三歳児は、自信の高まりのピークの時代です。二歳児とちがうのは、自分の身のまわりのことができるだけでは、もはや自分の誇りを十分に発揮したことにはならないことです。さらにその上を行くために、大人と同じようにふるまえて、人の役にも立てる自分を誇示したくなります。二歳児ならば、「ホックがはめられるようになったんだってね、やって見せて!」と言えば、自信満々でホックをはめて見せてくれました。しかし、三歳児にとってはそんなことはあたりまえ。だから、やって見せてはくれません。そのかわり自分で着替えをしないくせに、「やってあげる」と、お友だちの着替えを手伝おうとします。大人から見れば「人のことはいいから自分のことをやりなさい」と言いたくなる場面です。大人が掃除をしていると、「ぼくがやってあげる」と、恩着せがましく掃除機をうばって手伝おうとします。親がやっているものをうばうことは一歳児のころからよくありましたが、それは「同じことを自分もやりたい」という操作要求からの行為でした。しかし、三歳児の場合は「ぼくは一人前だから、役に立ってあげる」という、「役に立つ自分」を示したいがゆえの行為となっています。恩着せがましい三歳児の姿は、「一人前」を主張する姿でもあります。

それまで、外食をすると、親の注文したものを少し分けてもらうだけで満足していました。しかし、三歳児は、たとえ食べきれなくても、自分にも「一人前」の食事を注文してもらわないと納得しなくなります。しかも、二歳児期のように「〜がほしい！」とあからさまな表現はしません。それでは「もの」への要求になってしまいますから。押し黙って不機嫌になり、無言の意思表示で、「ぼくはもう一人前なんだ。どうして分からないの?!」とでも言うように、相手の主体的な気づきを要求するのが三歳児です。おかあさんが気づいて、「あ、ごめん、まちがえちゃった。ウエイトレスさん、ハンバーグ定食をもう一つ追加してください」と言えば、機嫌がころりと直って「ぼくねー」と急に饒舌になるところが三歳児のかわいらしさでもありますが…。

自分のことができるようになっただけではなく、他と互して一人前にふるまえるようになった自分を意識し、もう赤ちゃんではなくて一人前としてあつかってほしいと主張するのが三歳児だと言えるでしょう。「ちいさいけれど性能はいいんです」という、しょうぼうじどうしゃじぷたと同じです。

しかし、三歳児には、しょうぼうじどうしゃじぷたとは決定的にちがうところがあります。じぷたは本当に山火事を消してしまうけれど、三歳児は実際には何もできないということです。

「やってあげる」ということばを信じて、実際に三歳児に洗いものを頼んだらどうなるでしょうか。洗剤は一回でからっぽ、台所は泡だらけ。だけど食器の汚れはおちていない。主観的には一人前だけれど、力がまだついていかない。客観的にはまだ半人前なのが三歳児。そのために、三歳児の特徴を「一人前の三歳児」と漢字を使って表現せずに、「イッチョマエの三歳児」とカタカナを使って表現したいのです。

…身のほど知らずの自信満々

客観的には半人前なのに、主観的には一人前と信じていられるのは、三歳児にはまだ自分をふりかえる力が十分に育っていないからだと理解できます。

服部敬子さんは、三歳児～五歳児の子どもたちに、「○○ちゃんは～が上手にできる？

それともできない?」という質問をして、どのような答えが返ってくるかを調べています。質問したのは「お絵描き」「走ること」「ハサミを使うこと」「字を読む」などで、分かりやすいように、その場面を表す絵を示しながら質問しました。その結果、三歳児ではほとんどの子が「とってもできる!」と答え、二、三の質問にだけ、約半分の子が「ぜんぜんできない」と答えたそうです。四歳児では「ちょっとだけ」とか「まあまあ」という選択をする子が増え、「とってもできる」と答えた場合でも、「そう、とってもできるの。一番できる?」と聞き返すと、「でも、ときどきは遅くなるけど」とか、「女の子のなかでは一番なんや」というふうに、留保がついたそうです。さらに、四歳児の三割弱、五歳児の六割強の子どもが、「一番は○○ちゃん」と、友だちの名前を教えてくれたと言います(服部敬子「『教えあう』関係にみる五—六歳ごろの子どもの発達と保育(三)」京都保育問題研究会『保育びと』第一四号、一九九九)。

三歳児と四、五歳児のちがいに注目してください。四歳児や五歳児でも「ちょっとだけ」とか「まあまあ」ていどにしかできないことを、三歳児は、「とってもできる!」と答えてしまっています。自分をふりかえらないからこそ自信満々でいられる三歳児。「身のほど知らずの自信満々」の時期です。

これは決して悪いことではありません。人間誰しも、冷静に客観的に見れば、いいところばかりではありません。厳しい目で見れば、いいところが一つも見つからないことさえあるでしょう。しかし、それでも自分に対して愛着をもち、根拠はなくても「おれもまんざらではないだろう」と感じていられるから生きていけるのではないでしょうか。自分がいるというそのことだけで、すばらしいことなのだと思います。そして、私は三歳児にその原点を見るような気がします。

ふりかえらないからこそ自信満々でいられる。そのために、三歳児はわが世の春のようにいきいきとして輝いています。

三歳児の口頭詩をいくつかあげてみましょう。自分を肯定し、まわりから祝福されている自分を信じ、本来は楽しくないことさえも楽しく感じてしまう三歳児の底抜けの明るさが伝わってくるようです。

おかあさん、
今、とりさん、なんていったかわかる?
りょうくん、4さいのおたんじょうびおめでとう!
っていったんだよ。
きこえた?
待ちに待った誕生会の朝、自転車での通園途中のつぶやきです。
(めばえ保育園こぐまぐみ『子どもたちの口頭詩』、一九九四)

私が脚立にのり天窓を掃除していたら
「みきせんせい　あぶないよ」
「おちちゃうよ　おちたらしんじゃうよ」
「しんだらかなしいよ」
二人、顔を見合わせてあはあはあはあは
心配してるのか遊ばれているのか…
(保育士・石川美紀採集、二〇〇四)

私たち大人は、何かができるようになることに対して価値を見出しがちです。生活発表会の劇を見ても、上手にできるかな？　セリフをまちがえないで言えるかな？　というところに目が行ってしまいます。しかし、三歳児はそんなことよりも、おかあさんやおとうさんに見てもらえる！　といううれしさで、自信満々のハツラツとしたようすで劇を演じます。はち切れんばかりの笑顔で舞台の袖から出てきたとき、子どもたちのいきいきとした生命感が客席に伝わって、おかあさんおとうさんたちから「まあ、かわいい！」という感想がもれたとしたら、私はそれだけで三歳児の劇は大成功なのではないかと思います。生活発表会のねらいの一つがふだんの子どものようすを親に伝えることにあるならば、一人前になった自分を信じて、生命力にあふれたいきいきとした姿を伝えることこそ、三歳児の本来の姿を伝えることであろうと思うからです。

次の口頭詩にあるような、楽しくてたまらない日々を提供することこそ、三歳児らしい生活を保障することなのではないでしょうか。

麻「きょう、ちょっと、おもしろかったね」
茜「ものすごく、おもしろかったね」
道「おもしろかった。ね、ね」
（めばえ保育園こぐまぐみ、既出）

❷…三歳児の主観と客観――…

…寸暇を惜しんで遊ぶ三歳児

今から二〇年ほど前、保育者たちと三歳児保育に関する実践検討をくりかえしたことがあります。年度末の二月に一〇人以上の三歳児担当者が集まって、一年間の実践を報告し、三歳児の発達の特徴とは何か、三歳児にふさわしい保育とは何かを議論しました。

ある年、こすもす保育園の瀬口昭代さんが「寸暇を惜しんで遊ぶ三歳児」という格言をつくりました。遊ぶ力が充実してきた三歳児は、散歩から帰って昼食までの時間の合間にも、ブロックを出して遊びはじめてしまう。ちょっとした時間の隙があると遊んでしまうほど、三歳児の遊ぶ力は充実してくる、という意味です。

一同、この格言には「なるほど」とあいづちを打ったのですが、あいづちには、もう一つのかくされた意味がありました。寸暇を惜しんで遊ぶ三歳児は、保育者が遊んでほしくないときにも遊びはじめてしまう。給食のためにお部屋をかたづけて手を洗ったのに、配膳をするまでのちょっとした隙にまたブロックをガラガラと出して遊びはじめる。だから保育者に叱られることが多いよね、という意味です。

討論がこのように進んだとき、二年目の若い保育者であるAさんが「この話を春に聞いておきたかった」と、次のような経験を語ってくれました。

彼女は一年目は複数担任で二歳児を受け持ち、二年目に単数担任で三歳児に持ち上がりました。はじめての単数担任で、しかもクラスの人数が多くなる三歳児。もう幼児なのだからしっかりしてくれるだろうと期待していたのですが、子どもたちは案に反して思うとおりに動いてくれませんでした。「しっかりしてほしい」と願えば願うほど、叱ってばかりの保育になってしまったそうです。

叱れば叱るほど、子どもの気持ちが自分から離れていくのが分かる。彼女は自分自身に悩みはじめました。二年前の学生時代、子どもたちと信頼関係を厚く結び、楽しい毎日をつくっていく保育者を夢みていた。しかし、就職して二年後、現実の自分は叱るだけの保育者になってしまった。かつての夢と現実とのギャップに悩み、自己嫌悪に陥ってしまったそうです。

その思いが高じたためでしょう、ある日の帰りの会で、彼女は子どもたちの前で自己批判をしてしまいました。「先生は怒ってばかりでいかんね」と言うと、子どもたちは「うん」とうなずく。ますます落ち込んだ彼女は、「だから明日は怒らないようにするわね」と約束をしてしまったそうです。翌日どんなことが起こるか分からないのですから、してはいけない約束でした。しかし、深く落ち込んでいる気持ちを思えば、叱らない約束をしてしまった気持ちも理解できます。

翌朝。出勤すると、先に登園していた男の子がやって来て「先生、今日は本当に怒らない?」と確認しました。一晩寝て多少の冷静さをとりもどしていた彼女は、まずいことを約束してしまったと反省しながらも、今さら前日の約束をひるがえすわけにはいかないので、「うん、叱らないよ」と答えるしかありませんでした。すると、その子ははだしになって園庭へ飛び出し走りまわったそうです。その園では、はだしで庭に出ないという約束があったのですが、わざと破って、彼女を確かめているわけです。Aさんが叱るのをこらえていると、「叱らないな」と思った彼は、今度は足洗い場へ行って、足を洗うための水道から水を出し、横目で彼女を見ながらゴクゴクと水を飲みはじめたそうです。「足洗い場の水は泥で汚れていてきたないから飲まない」という約束があったのですが、それを破って、Aさんを挑発したわけです。ここまで挑発されては叱らないわけにはいきません。彼女は「叱らないと約束したけど、叱らなければいけないときは叱るわよ」と言って、ついに叱ってしまったそうです。

このような毎日が続いていたと言います。

はじめての三歳児担当ということで、関わりのまずさはあったでしょう。若い保育者が一生懸命であるあまりゆとりをなくしてしまった姿でもあるでしょう。しかし、子どもも保育者もどんなにつらかっただろうかと、胸のつぶれるようなエピソードでした。

Aさんの状況を心配した隣の四歳児担当の保育者は、毎日のように「Aさん、大丈夫?」と声をかけてくれました。園長先生に呼ばれて、「しばらく休んでみますか?」と言われたこともあったそうです。それでもAさんは、「ここで休んだら、自分は保育者として今後やっていけなくなる」と思って、がんばって一年間を全うしたということでした。Aさんはこう言いました。「三歳児は叱ってしまうことが多くなるということを知っていたら、もう少し余裕をもてたかもしれません。だから、この討論を春にしておきたかった」。

「三歳児は寸暇を惜しんで遊ぶ年齢だから叱ってしまうけれど、ゆとりをもって接しましょう」という結論で、この日の討論は終わるはずでした。ところが、参加者の一人が異を唱えました。「私は子どもたちをそれほど叱ることはなかった」と。「たとえば散歩から帰って来て給食の準備に移ったとき、子どもたちがまた遊び出してしまうから叱ってしまうのでしょう？　でも、私のクラスの子どもたちはそんなことをしないから、叱らなくてもすむ」ということでした。

くわしく聞いてみることにしました。彼女はこう言います。

「散歩から帰るとき、子どもたちとほんとに楽しくおしゃべりをしながら帰って来るんです。そうすると、子どもたちと私の気持ちが一つになってしまう。お互いの気持ちが一つになっているから、『手を洗ってごはんにしようね』と言うと、子どもたちはスムーズに動く。だから叱る必要がない」。

参加者一同、半信半疑でしたが、叱らないで生活がスムーズに進むのならば、それに越したことはありません。そこで、実践者らしく、子どもたちと保育者とが本当に楽しく遊んで楽しい会話をすれば叱らない保育ができるのかどうか、翌年の保育で確かめましょうということにしました。

翌年。再び二〇人近い三歳児担当の保育者が集まりました。最初は、それぞれの園で、どれほど楽しい保育ができたのかを報告してもらいました。聞くだけで笑い出したり、話に聞き入ってしまうほどの楽しい保育が、各園の三歳児クラスで展開されていました。そこで、肝心の質問を投げかけました。「じゃあ、子どもたちを叱らない保育ができた？」全員の答えは「否」でした。「どんなに楽しく遊んでも、たとえば三歳児はおもらしをしたパンツを引き出しの奥にしまい込んでしまったりするでしょう？　夏場になるとぷーんと臭ったりするのよね。そういうときはやっぱり、『汚れものはちゃんとかたづけしなさい』と叱ってしまうよね」。一同、うんうんとうなずきます。

やっぱり、楽しく遊んでも生活面は別。叱らなければならない場面がいっぱい出てくるのが三歳児なんだね、ということでこの話題は決着がついてしまいました。

∴叱らない保育が実現されるとき

それから数年後、同じ研究会に、別の保育園のBさんが「叱らない保育ができた」とやって来ました。叱らない保育は無理だと決着のついたあとですから、私も含めて全員が、「えーっ？　嘘でしょう？」と反応してしまいました。彼女は「そう言われると思って、園長先生を証人として連れて来た」と言います。

くわしく実践を聞いてみました。次のような保育が展開されていたようです。

たとえば給食のあとのお昼寝を準備する時間。食べ散らかしたものをかたづけて、部屋を掃除して、布団を敷いて…保育者が戦争のように忙しい時間帯です。ある日Bさんが掃除をして布団を敷こうとすると、子どもたちが「先生、大変そうだね」と声をかけてきました。Bさんは正直に「うん。大変なんだよ」と返事をしました。すると子どもたちは「じゃあ、ぼくたちが代わりにお布団を敷いてあげるから、先生は職員室でお茶を飲んでいてもいいよ」と言うのだそうです。Bさんは「ほんと？　悪いわね。じゃあ、お願いね」と、本当に職員室へ行ってしまいました。しばらくして保育室に戻ると、子どもたちの手で布団が敷いてありました。しかも毛布をピンピンに広げて、きれいに敷かれていました。Bさんは感動して、「なんてステキな子どもたちなの！」と、一人ひとりを抱きしめてキスをするのだそうです。

こんな毎日だから、子どもたちと保育者の気持ちがぴったりと一つになってしまう。三歳児の散歩は、道草をしながら歩くので、列が長くなってしまうものです。しかし、Bさんのクラスでは、雑談をしながら散歩をすると、みんなが聞きたくなって声の届く範囲に集まってくるので、列がきゅっと短くなってらくに散歩ができたそうです。

こうして、叱る必要のない保育が実現されたということでした。

私は、Bさんの保育が百パーセントすばらしいと思っているわけではありません。子どもたちはやんちゃをしたくなるときもあるし、はみ出したくなることもあるはずで、そういう余地を残しておくことも必要でしょう。しかし、不必要な叱りが少ない方がいいのも事実だし、そういう意味で見習いたい保育だと思います。

前項で紹介したAさんの保育は、叱ってばかりで、子どもたちの気持ちが保育者から離れていってしまった実践でした。Bさんの保育は、子どもと保育者の気持ちが一つになって、叱らない保育が実現できた実践です。二つの実践は、両極端にあると言えるでしょう。すべての三歳児クラスは、この二つの極のあいだのどこかに位置づくのではないでしょうか。

では、Aさんの保育とBさんの保育の基本的なちがいはどこにあるのでしょうか。

冒頭で、三歳児の基本的な特徴は「イッチョマエ意識」にあると指摘しました。主観的には一人前だけど、客観的にはまだまだ半人前で、できないことの多いのが三歳児です。Aさんの保育は、「客観」の方に焦点を当てて働きかけた実践ではなかったでしょうか。客観的に「できること」を求めるから、「どうして分からないの？」「どうしてできないの？」という指摘ばかりが多くなってしまいます。その結果、子どもたちに「ぼくたちは理解されていない」と感じさせてしまい、必要以上の反発を引き出してしまったのではないかと推測されます。他方、Bさんの保育は、「主観」に焦点を当てた保育でした。「毛布をピンと張って布団を敷いてくれた」とBさんは言いますが、私は、まだ三歳なのだからそこまで本当にできたのかなあ、と半信半疑でいます。しかし、事実はどうあれ、「ピンと張って布団を敷いてくれた」と感じるのがBさんなのです。「ぼくたち、一人前でしょ」「人の役に立つことができるでしょ」という三歳児の主観を、そのまま受け止める保育者であるわけで、そのために子どもたちには「分かってもらっている」という信頼感が生まれ、保育者と子どもたちの気持ちが一つになったのではないでしょうか。当然のことですが、Bさんは子どもをあやつるためにおだてたのではなくて、子どもの自信満々を本当に受け止めてしまう人であり、叱らない保育ができたというのは、その結果にすぎません。

三歳児を「イッチョマエ」ととらえたいのは、主観と客観のズレがある三歳児をそのまま理解したいからです。客観だけで理解すると、三歳児は立つ瀬がないし、理解されていないという不安定な精神状態に置くことになります。他方、主観を見るだけでは、少しずつ成長させていくことができないかもしれません。しかし、今日の日本の状況下では、イッチョマエ意識を最大限尊重することが大切になっているのではないかと私は考えます。なぜならば、大人の生活が忙しくなると結果を求めることが多くなって、「できないけれどもイッチョマエぶりたい」という三歳児の気持ちにつきあうことができにくくなってしまうからです。

三歳児はふだんは自分で着脱できるけれど、ときには「今日、ぼく赤ちゃんなの。パンツはかせて」とやって来ることがあります。ふりかえらない三歳児ですから、「バブバブ」と言って大人にパンツをはかせてもらった次の瞬間、友だちの前で「オレはなー！」とイッチョマエぶっていばることもできてしまいます。赤ちゃんになったり、できないことをさらしたりしながらも、自分に対する誇りを失わないのが三歳児です。しかし、大人が忙しくなっていたらどうなるでしょう。「今日、ぼく赤ちゃんなの」とやって来たら、「何バカなことを言ってるの。さっさと自分ではきなさい」と叱られてしまうのではないでしょうか。大人が忙しいとき、子どもへの関わりは「客観」の方へぶれてしまいがちです。だからこそ、三歳児には両面があることを理解して、「もはや一人前」と信じている三歳児の自我を認めることによって、認められたから背伸びをしてもっとすごいこともできるようになりたいという、自分を育てる力を発揮させたいと思うのです。

❸…誇り高き三歳児に応える――――――――…

三歳児は一人前意識をもっていますから、それが尊重されないときには、すねたりいじけたり、反発をしたりします。「誇り高き三歳児」でもあります。

瀬口昭代さんは、次のようなエピソードを紹介しています。

三歳児クラスに途中入園したやっちゃん（三歳九ヶ月）が、給食のときに、同じテーブルの智ちゃんに「アッ、ヤッチャン手デ食ベテルー。赤チャンミターイ」と言われたことがあります。その言葉を聞いた彼は、パッと食べるのをやめて、戸を開けて出ていってしまったのでした。（瀬口昭代「三歳児のあそびと集団」、こすもす保育園、一九八四）

一人前だと思っている三歳児にとって、「赤ちゃんみたい」ということばは最大限の侮辱です。転園してきたばかりで集団に慣れていないためにやっちゃんは保育室を出て行ってしまったのですが、園に慣れていたならば、智ちゃんと激しいケンカになったかもしれません。他方、智ちゃんも三歳児ですから「自分はもう赤ちゃんじゃない」という強い意識をもっています。だからこそ、赤ちゃんのようにふるまったやっちゃんの行動をめざとく見つけ、ぐさりとくる強烈なひとことを口走ってしまったのではないでしょうか。

誇り高き三歳児に応えるとは、どのようなことなのでしょうか。

めいほく保育園の橋本聖さんは、遊具をしまう場所をつくるときにも、子どもたちと相談してつくったと言います。イッチョマエの三歳児なのですから、保育者が一方的にしてしまったり指示してしまうのではなく、ひとまず子どもたちに相談して、子どもたちとの合意のもとでルールを決めていくと、子どもは見ちがえるように気がついてかたづけなどもやれるようになったということでした。食事のときなども、子どもにお手伝いを頼み、その子の功績をみんなの前で発表していきました。実践記録から拾ってみましょう。

食事が始まると、子どもたちの方から「ねー、きょうは、テーブルふいたのはだれでーすっていって」と声が挙がったりします。「えー、きょうは、テーブルを拭いたのはのりちゃん、しのぶちゃん、けいちゃん」「それから、イスを並べてくれたのは、けいちゃんにたかし君」…とか発表する間に友だち同士で「ほらネ」「ぜんぶやったんだぞ」とささやきあっている子どもたちです。（橋本聖「ともだちのためにやってあげるよろこび」、『ちいさいなかま』第二〇七号、一九八七年九月号）

こすもす保育園の堀池育志さんは、生活のなかのちょっとしたできごとを拾いあげ、朝の会や夕方の会で、みんなに知らせるようにしてきました。隣の部屋の一、二歳児クラスでちいさい子どもたちと遊んでくれたりょうへいくんとしょうたくんの姿を見た翌日には、朝の会で「じょうずに遊んでいたよ」とみんなに話したり、ちかちゃんがトイレのスリッパをきれいに並べてくれたところを見たら、朝の会でみんなに話したり…（堀池育志「自分ってすごいと思える保育づくり」、一九九八）。

もうイッチョマエだから人の役に立ちたい、人の役に立っている自分をみんなに認めてもらいたい。そういう気持ちに応えることが、三歳児の誇りに応えることなのではないでしょうか。

すべての三歳児に、無理のない形で、他者の役に立てる出番を準備してやりたいものです。そして、その成果をみんなのなかで確認していくことが、三歳児の誇りを育ちの力に変えていくことなのではないでしょうか。

ことばで考える力の誕生

三歳児の認識

❶…表情からことばへ

表情からことばへ

三歳児の時代に、子どもたちの認識能力は新しい可能性を獲得します。「ことばで考える力の芽生え」とでも言うべき成長です。

ことばが誕生した一歳前後以来、ことばと認識能力とは密接に関係し合って発達してきました。たとえば、「おうち」ということばを覚えた子どもは、アリの入って行く穴を見つけたときに、「アリさんのおうちだよ」と説明されれば納得するでしょう。人間の家とアリの穴とは似ても似つかないものなのに、「おうち」という単語を使うことによって、両者の共通性＝「すみか」とでも言うべき非常に高度な共通性を認識できたということになります。

このように、ことばは、その習得の最初から認識と密接に結びついているのですが、ここで言う「ことばで考える力」とは、単語レベルでの認識のことを言っているのではありません。文の形で示された判断を理解し、使えるようになることを指しています。

三歳児の認識の成長を説明する前に、三歳以前の子どもたちの認識のしかたについてふりかえっておきましょう。

認識の基本は、自分がふるまうとき、よりよい行動を選べるように周囲の状況を判断することです。判断して動く力は、どのようにして生まれてくるのでしょうか。

生後六か月を過ぎれば寝返りが始まり、ものに手を伸ばしていじることができはじめます。八か月ごろからはベタバイが始まり、一〇か月にはよつばいで移動することができるようになります。自分で動けるようになると、さまざまな危険が生じてきます。扇風機のなかに手を突っ込んでしまうかもしれませんし、ストーブの方へハイハイして行って大やけどをしてしまうかもしれません。ですから、大人は危険がないように環境を整え、いつも子どもを視野に入れておかなければなりませんが、大人が注意しただけでは不十分です。子どもの側にも、危険を避け、おもしろくて楽しいものの方に動いて行く判断力が備わっていなければ、命がいくつあっても足りないでしょう。

では、乳児期における判断力とは、どのようなものなのでしょうか。

ことばが使えるならば、ことばで「あぶないよ」と言われて危険を避けることができるでしょう。

しかし、ゼロ歳児期にまだことばはありません。一歳を過ぎてカタコトを話すようになっても、単語だけでは判断力としては不十分です。「ブーブが来たよ、あぶないよ」と大人がことばをかけても、子どもは「ブーブ」という単語にだけ反応し、避けるのではなくて車を見ようとして近づいて行ってしまうかもしれません。ですから、乳児期には、行動を選択する手がかりとして、ことばは無力です。

経験や試行錯誤による学びは論外です。やけどをしてはじめてストーブのこわさを知るということであれば、子どもは満身創痍となって育っていくしかありませんから。

乳児が行動を選択するために活用するのは、「三項関係」、あるいは「社会的参照機能」と言われる働きです（くわしくは神田英雄『0歳から3歳』参照）。

乳児は、ものの方に進むとき、まっしぐらに到達してしまうことはまれです。ちょっと進んでは大人をふりかえり、大人の表情を確認します。ストーブの方へ向かったとしたら、大人はあわてて「だめ、アチチだよ！」と反応するでしょう。子どもは、「アチチ」ということばを理解することができなくても、大人の表情や雰囲気がただごとではないことに気づきます。そして大人の表情や雰囲気を、自分が向かっている対象（この場合はストーブ）についての情報だと理解し、「こわい」と感じて動作を止めるでしょう。オモチャの方へ手を伸ばして大人をふりかえるならば、大人は「おもしろそうだね」とニコニコした表情を返すはずです。その表情は「オモチャは楽しいもの」という情報となって子どもに伝わり、子どもはまた前を向いてオモチャの方へ進んで行きます。

このように、乳児期の子どもは、三項関係の活動のなかで、対象の楽しさや危険を感じとって、自らの行動を選択していきます。身の危険を回避するという最も基本に関わる問題ですから、三項関係は乳児が生きていくうえでは最も大切な行動様式、乳児の生き方の基本形だと考えることができます。このような行動原則で動いていますから、ふりかえったときに大人がいない場面では、乳児は不安になって泣き出したり、活動することができなくなったりしてしまうわけです。

さて、三項関係のなかで、子どもが活用するのは、大人の表情や雰囲気でした。しかし、いつまでも大人の表情や雰囲気に頼っていては、大人のそばを離れられません。また、表情や雰囲気は、対象が自分にとってどのような意味があるのか（こわいか、あぶないか、安心か、楽しいかなど）を伝えてくれる貴重な情報源なのですが、同時に、対象の客観的な特徴を把握しなければ、より正確な行動をとることはできないでしょう。そこで登場してくるのが、ことばによる認識です。表情や雰囲気を通して判断して生きているうちに、子どもは言語を獲得し、二語文、三語文と、ことばの力を伸ばしていきます。そして、いつのころからか、表情や雰囲気よりもたしかな判断のよりどころとして、ことばによって考えるようになります。

ことばで考える力の芽生え

主として表情や雰囲気を手がかりに判断する時代から、主としてことばで判断する時代への移行期は、いつごろなのでしょうか。

私は、生活年齢で四歳ゼロか月前後が、その移行期なのではないかと考えます。根拠の一つは、次のようなことです。

新版K式発達検査で三歳ゼロか月～三歳六か月の項目に、「了解Ⅰ」という課題があります。「お腹がすいたらどうする?」「眠いときにはどうする?」「寒いときにはどうする?」とことばで質問し、「ごはんを食べる」「ねんねする」「服を着る」などと答えられたら正解とする検査項目です。三つの質問のうち一つをまちがえても、二問に正解すればOKです。

「了解Ⅰ」は、三歳～三歳六か月の子どもには、かなりむずかしい問題です。むずかしさの理由は、子どもたちがまちがえたときのまちがい方を見れば理解できるでしょう。少なくない子が、「お腹がすいたらどうする?」という質問には「お腹すいていない」、「眠いときにはどうする?」に「眠くない」と答えて失敗してしまいます。

それまで、子どもたちは実際に出合った場面にことばを添えられてことばを獲得してきました。寒くてぶるぶるふるえているときに「寒いねー」とことばをかけられることによって、「寒い」ということばの意味は今体験していることなんだ、と理解してきたわけです。体験にことばが添えられることによってことばの意味を獲得してきたのが三歳までだと言えるでしょう。

ところが、右にあげた質問は、まったくちがいます。今は体験していないことを、ことばだけを手がかりにして思い起こし、そのうえで判断を導かなければなりません。この点に、この質問項目のむずかしさがあります。

了解Ⅰの課題に答えられるためには、「(今はお腹がすいていないけれど) 人間はお腹がすいたらごはんを食べるものだ」という、一般論を認識していなければなりません。文の形で表現することのできる判断基準です。一般法則、一般ルールと言ってもよいでしょう。了解Ⅰの課題に正答できたとき、子どもたちは一般論や一般的なルールを使う力を身につけはじめたということになります。

新版K式発達検査の各項目は、該当年齢の約半数の子どもが正解となるようにつくられています。三歳ゼロか月～三歳六か月のところにこの項目があるということは、この年齢ではことばによる思考ができるかどうかは五分五分だということを意味します。三問のうち一つをまちがえてもよいというゆるやかな基準で調べても二人に一人はまちがえてしまうのですから、この年齢では一般法則を使うことはきわめてむずかしいと理解できるでしょう。したがって、約半年うしろへずらせば、どの子もことばによる判断ができるのではないでしょうか。これが、表情・雰囲気からことばへの移行期が四歳ゼロか月前後にあると考える根拠です。

一般法則が理解できなければ、「お約束」や「生活のルール」は意味をなしません。「音楽が鳴ったらおかたづけしてね」とことばをかけても、「鳴ってない」と答えて終わってしまうでしょう。「信号の赤は止まれだよ」と教えても、「(今は)赤じゃない」と答えられたら、理解されたことにはなりません。したがって、生活年齢の四歳以前では、このような「お約束」や「ルール」を守れない子どもがいたとしても、不思議ではないということになります。

❷…乳児から幼児へ

…三歳児といえども、前半はまだ乳児

私は、主として大人の表情や雰囲気を手がかりにして判断する時代を乳児期、ことばの力によって、自分で判断しはじめる時期を幼児期と呼びたいと考えています。表情からことばへの移行期である四歳ゼロか月は、三歳児クラスの子どもたちが、四月から三月までのどこかで迎える年齢です。年度前半は、まだ四歳にならない子どもが多く、年度後半は

多くの子どもが四歳のお誕生日を越えています。であるならば、三歳児クラスは、前半期はまだ乳児期、後半になってようやく幼児になるのだと考えられないでしょうか。

三歳児の前半が乳児期であるならば、ことばを頼りに保育を進めていくと、理解が不十分であるために、うまく保育がまわっていかないのが当然です。乳児期の判断のよりどころである表情や雰囲気を最大限に活用した保育が、三歳児の前半には求められることになります。

三歳児のなかに、プール活動をこわがる子どもがいます。とりわけ、プールの前にくぐらなければならないシャワーが苦手です。シャワーをこわがる子どもに、どう対応したらよいでしょうか。

三歳児クラスを最年長とする二つの保育園で、まったくちがった対応をしたことがありました。対比が興味深いのでご紹介しましょう。

一方の保育園では、シャワーをこわがる子どもに、保育者が一生懸命説得しました。しぶきが顔に当たるから息苦しくこわいのだろうと判断して、「じゃあ、お腹からシャワーをかけてあげる。お腹だったら目や口に水が入らないからこわくないでしょう?」と説得しました。そうしたら、その子はお腹までこわくなってしまいました。「じゃあ、足だったらいいよね」とさらに譲歩すると、今度は足に当たる水までこわくなってしまったのです。最終的には、つま先まで水にふれるのがこわくなって、その子はとうとう、その年はプールを楽しむことができませんでした。

なぜ、説得すればするほど、こわさが増してしまったのでしょうか。保育者は、「こわくないよ」と、ことばで説明しています。しかし、一生懸命説得する保育者の雰囲気は、真剣であればあるほど、緊張させる雰囲気＝こわさを感じさせる雰囲気なのではないでしょうか。雰囲気で判断する三歳児は、「こわくない」ということばの意味よりも、説得されている雰囲気に反応して、こわさを増大させてしまったのだと理解できます。

他方、別の保育園の三歳児クラスでは、まったくちがったやり方で子どもたちを水に慣れさせました。プール開きの日に、担任の保育者が頭に月桂冠のようなものをかぶり、からだにシーツをまとい、「魔法の杖」に見たてたホースを持って、子どもたちの前に登場しました。そして、「私は水の精です。水よ、出よ」と言うと、他の保育者が陰で蛇口をひねり、「魔法の杖」の先端から水がほとばしりました。子どもたちはびっくりして感動しています。「水の精」は「魔法の杖」をかざし、「この水は魔法の水です。この水をかけた子どもは、水と仲よしになります」と言いながら、一人ひとりに「魔法の水」をかけて歩きました。そのあとでシャワーをくぐろうと提起すると、全員がこわがることなくシャワーを浴びたというのです（名古屋市立振甫保育園「プールあそび」、名古屋市千種区保母会年齢別実践交流会資料、一九八六）。

「水の精」の実践では、「水はこわくない」ということについて、ことばによる説明をしていません。楽しい雰囲気のなかで、子どもたちの気持ちの高まりを期待した働きかけが功を奏しています。

乳児性を残している三歳児には、雰囲気で気持ちを前向きにさせていく働きかけが大きな意味をもつのだと理解できます。

足からざぶんとプールに飛び込むことにAちゃんが尻込みをしたとき、名東保育園の宮野貴子さんはクラスの子どもたちを呼び集めて、次のように働きかけました。「Aちゃんが飛び込むのこわいんだって。みんなの勇気を分けてあげてね」。子どもたちは「分かった！」と言って、自分の胸に手を当てたあとで、その手をAちゃんの胸に当て「はい、ぼくの勇気分けてあげる」と言いました。まるで、自分の心から勇気をとり出してAちゃんの心に補充してあげるようなしぐさです。クラスのみんなから勇気をもらったAちゃんは、「わあ、いっぱい勇気をもらったね。きっとジャンプできるよ。飛んでみようか」という保育者のことばに応えて、みごとにプールに飛び込んだのです。

実際には勇気などあげられないのですから、客観的に考えるならば、意味のない関わりだったと言えるでしょう。しかし、それにもかかわらず、Aちゃんは勇気をもらってプールに飛び込むことができました。雰囲気や気分の盛り上げが、子どもに勇気を与えていることが分かります。

一年目の保育者と七年目の保育者の二人で三歳児クラスを担当しためばえ保育園で、こんなことがありました。一年目の保育者が早番のときには、親から別れるときに一人が泣くとそれが全員に伝染してみんなが泣き出したり、抱っこを求めてきて、収拾がつかなくなりました。七年目の保育者が早番のときには、別れぎわに泣いた子がいたとしても、泣きが他の子に伝染せず、平穏に一日が始まるのでした。二人とも一生懸命子どもを受け入れているのに、そのちがいはどこにあるのでしょう。園内で議論した結果、次のような結論に到達しました。

七年目の保育者は泣いた子どもを抱きとめるのですが、その子を抱いているときでも、顔はまわりの子どもに向けて、「大丈夫よ」「安心してね」というメッセージを、表情とまなざしで伝えていました。一年目の保育者も泣いている子どもを抱きとるのですが、その子を泣きやませるために百パーセントの注意を向けてしまい、周囲の子どもに表情を向けることができなかったのです（安藤ふみ・福田敦之「よわむし・わがまま・いたずらっ子きみがいるからおもしろい」、二〇〇〇）。

新入園の子どもが朝の別れに泣いてしまうのは、しかたないでしょう。泣き声がまわりの子どもたちに不安な感情を引き起こすこともしかたありません。そして、保育者は泣いている子どもを抱っこしているわけですから、まわりの子どもたちの所にかけつけることができないのもしかたのないことです。そのときに表情で安心を伝えることができるかどうか。それが、四月の朝をスムーズにスタートできるかどうかの分かれ道だったようです。

このようなところからも、乳児期以来の大人の表情や雰囲気の大切さが分かります。

ことばで判断する力を育てる

乳児性を残している三歳児にとって、大人やクラス全体のつくり出す表情や雰囲気はきわめて大切なものです。前半期だけではなく、一年間を通して、雰囲気を大切にすることは、三歳児保育の楽しさを左右する大きなポイントだと考えられます。

しかし、三歳児期は言語的な思考力が育ちはじめる時期でもありますから、雰囲気だけで押し通してしまったら、乳児から幼児への移行を援助することにはなりません。雰囲気を大切にしつつ、かつ、ことばで考える力を育てるためにはどうしたらよいのでしょうか。

一つのヒントとして、菱川あけみさん（ほしざき保育園）の実践を紹介しましょう。

砂あそびを終えて保育室に戻って給食を食べる場面を思い浮かべてください。

砂で汚れているので、保育者は園庭の隅で一人ずつ手足を水で洗っています。洗い終わった子から保育室に戻って給食の態勢に入らなければなりません。保育者は、「お部屋に戻ったら給食だよ。座って待っていてね」と声をかけます。子どもたちは「ハーイ」と返事をするのでそのとおりに動いてくれるだろうと期待をすると、大外れ。最後の一人の足を洗い終えて保育者が保育室に戻ると、ブロックをいっぱい出して遊びはじめていて、とても給食に向かえる状態ではありません。

「寸暇を惜しんで遊ぶ三歳児」の面目躍如たるところです。見込みちがいの原因は、ことばだけで子どもたちの動きを導こうとしたところにあります。まだまだことばだけでは動けないのが三歳児。「給食だからね。分かった?」ということばに「ハーイ」と答えたといっても、なんの保証にもなりません。雰囲気で動く三歳児ですから「分かった?」と言われれば、深く考えもせずに「ハーイ」と言うに決まっています。

菱川さんは、環境を工夫して、目で見て今何をするときなのかが分かるようにしました。砂あそびのために園庭に出るとき、菱川さんは最後に保育室を出ます。そして、子どもたちがいなくなったところで、机の上にコップを並べるなどして給食の態勢をつくっておきます。補助の保育者が入ってくれるときには、それを補助の保育者に頼みました。あとは同じです。

砂あそびのあと、「お部屋に行って給食だよ」ということばかけに、子どもたちは「ハーイ」と返事をしますが、お部屋に行くまでには忘れてしまっていることでしょう。しかし、お部屋に入ったとたん、給食の準備ができているので、「あ、給食だった」と気がつきます。だからブロックを出したりせずに待つことができました。

子どもたちがきちんとやれたところで、保育者は「今日は、ちゃんと待っていることができたね。給食の準備をするっていうのはそういうことなんだよ」とことばをかけました。

ことばの力がまだ十分ではない三歳児のはじめは、ことばだけでイメージすることはむずかしいと考えられます。できなかったときに「どうすればよかったのかな?」とことばで説明しても、イメージはわききれないでしょう。しかし、自分が体験したことにことばが添えられるならば、「待っているって、こういうことだったんだ」と思い当たることができます。その経験を積み重ねることによって、ことばでイメージを喚起して、行動を計画することが少しずつできるようになるのではないでしょうか。

環境を整えて分かりやすく動きやすい状況をつくって成功体験を積ませ、そのあとでことばを添えることによって、ことばの力が生きた力として育っていく。そんな配慮が三歳児にはとりわけ大切だと考えられます。

…三歳児の論理

「〜ならば〜だ」という言語的な判断力を身につけはじめた三歳児は、生活のなかで理屈っぽい物言いを始めます。たしかに、賢く考える姿を見せることもあります。

次の例で、けんじくんは言語的な判断を、事実で確かめようとしています。このような確かめがいつも入るのならば、言語的認識力はめきめきと育っていくことでしょう。

男の子と女の子のちがいの話がでました。

母「クンがつくのが男の子で、チャンは女の子だよ」

けんじ「ソー、トモミチャンハ　オンナノコ。シンクンハオトコノコ」
母「そうだよね」
けんじ「マイチャン、ミドリチャン……」と確かめているうちに、
けんじ「オトーチャン、…アレ、チャンガックノニ、オトコダ。ドーチテ?」
けんじ「オジーチャンモ、オトコダ!!」
（けんじ四歳二カ月、こすもす保育園連絡ノートより）

しかし、言語的な判断を事実で確かめるということは、簡単ではありません。「ロッカーに登ったらどうしていけないのかな?」と質問をすると、「頭ぶって、たんこぶができる」と、自分の体験を呼び起こして答えるなどは比較的やさしいのですが、「どうしてお昼寝をするか知っている?」と質問をすると、「カーテンを閉めるから」（お昼寝のときには保育室を暗くするために保育者がカーテンを閉めるということを思い出したのでしょう）と答えるなど、本質的ではない事実とことばを結びつけてしまうことも多いようです（堀池育志「自分ってすごいと思える保育づくり」、こすもす保育園、一九九八）。

たくさんある事実のなかから、ことばで言われている本質を探し当て、それによって言語的な判断を確かめていくのはむずかしいことです。本質的ではない事実にことばを当てはめることによって、「ヘリクツ」のような発言をすることも多くなります。

私にも経験があります。息子が「遊んでー」としつこく言うので、忙しい仕事を中断して積木で遊びました。ひとしきり遊んだあとで「さあ、おわりだよ。おかたづけしてね」と言ったら、息子は正座して親に対面し、抗議するように「おとうちゃん、遊んだ人がかたづけるんだったでしょ！」と言うのです。私は、「遊んだのはトモくんでしょ。おとうさんは遊んであげたの！」と対等の立場になって反論してしまいました。

三歳児には、「ことばで考える力」がたしかに芽生えはじめますが、論理性の育ちに一足飛びに結びつくわけではありません。文と文を「けれども」「だから」などの接続詞を使って結びつけ、理屈っぽい言い方をくりかえしながら生活し、事実との出合いをたくさん経験することによって、ヘリクツが次第に論理へと成長していくのではないでしょうか。

❖豊かな感情によって導かれる思考

言語的な判断は、事実に照合されて鍛えられていくものだけれども、事実をとり出すのがむずかしいために、ヘリクツに抜けてしまうことがあると前項で書きました。三歳児の思考にはもう一つの特徴があります。それは、事実との照合自体にそれほど重きを置いていないということです。ふりかえらないという三歳児の特徴は、ことばについても当てはまるようです。

いくつか例をあげてみましょう。

（例一）　保育園から帰る車の中での会話

私「ア、今日は水曜日、ダイエーはお休みだった！」

ともお（四歳二か月）「ユニーニ、行ッタラ？」

私「ユニーもお休みだよ」

ともお「モットタクサン知ッテイタラ、ヨカッタネー。トモクンハ、ダイエート、ユニート、オオサカト、トウキョウシカ知ラナイシ。ソレカラ、バイオマント、シャイダーシカ知ラナイシ。」

しばらくして

ともお「ソウダ、近クノ市場ニ、行ッタライイヨ！」

私「近くの市場って、共栄市場のこと？」

ともお「ソーダヨ、キョーエーイチバハ、オヤスミシナイヨ。イツモ　アイテルヨ」

私「共栄市場は日曜日がお休みだよ」

ともお「ソリャーソーダワサ！　日曜日ハ、オミセモ、ホイクエンモ、ミンナ　ヤスミダヨ。アイテイルノハ、オウチダケダヨ」

（例二）

「アノネ、アミチャンガ　コロンダノ。サカミチデコロンデ、ツマズイテネ、ソイデネ、ジドーシャニブツカッチャッタノ」

（三歳九ヵ月。転んだのは事実だが、車にぶつかった事実はない）


（例三）

「プール開きやったの？」と聞くと、

「トビコミ、ヤッタ」

「ダイコンサン（ひとつ上の四歳児クラスのこと）ハネ、ジブンノウチカラトンデイッテ、プールニトビコンダンダヨ！」

（三歳十一ヵ月。だいこん組のとびこみに感動したために、想像を事実のように話してしまう）

（神田英雄「3歳児の発達の特徴」、『保育幼児教育体系 8 3歳から5歳まで』、旬報社、一九八七）


例一は意見の陳述ですが、例二と例三は事実の報告です。事実の報告にさえ無意識の想像がまざり、事実と発言とのたしかな結びつきが欠けてしまっています。

「お友だちをぶってしまったらごめんねと言うんだよ」というルールを理解した三歳児は、わけもなく友だちをぶって「ごめんね！」と言ってすませてしまったり、たたかれた子どもが、とても痛いはずなのに、「ごめんね」と言われると「いいよ」と言わざるを得なくなったり、あるいは、「ごめんね」と言ったのに「いいよ」と返事をしてくれなかったときに「ごめんねって言ったのに、いいよと言わない」と泣き出したりします。「ごめんね」ということばに謝罪の意味が込められているのかどうかという事実での点検が不十分だからこそ、見られる姿ではないでしょうか。

しかし、三歳児は、やみくもに理屈っぽい言いまわしをしているわけでも、ヘリクツを言いたいために言っているわけでもありません。例一～例三を見れば分かるとおり、子どもたちの思いを導いているさまざまな感情の揺れがあります。例一では、「大きくなったから役立つ自分でありたい」という気持ちが、子どもの思考の流れを導いていることが分かります。例二では、「あみちゃんが激しく転んだ。大変なことが起こった!」という驚きが、思考を導いています。例三では、一歳年上の四歳児の子どもたちの姿に感動し、その感動を適切に言い表す言語表現を持ち合わせていなかったから、「自分の家からとんで行って、プールにとび込んだ」などと言ってしまったわけです。

「考える」とは、覚えたことばを機械的に発言することではなく、頭のなかに思いを浮かべ、思いと思いを結びつけたり、思いを発展させたりすることのはずです。必ずしも論理的ではないけれど、思いをめぐらせ、自分のことばで思いを表現しているという意味で、例一～例三は「考えている」と言ってもよいのではないでしょうか。「自分がお役に立ててたら…」「たいへんなことが起こった」「感動してしまった」という感情の揺れ動きが、思いをめぐらせる原動力になっています。豊かな生活のなかで、思いを込めて生きることが感情の起伏をつくり出し、考える力の育つ基礎をつくり出していきます。

感情に導かれて思いをめぐらせたら、それを言語化することも大切です。

保育者の松川礼子さんは、三歳児クラスの子どもが発言したとき、いったんは子どものことばをくりかえすように心がけていると話してくれました。たとえば、「お花が咲いていた！」と子どもが報告に来たときには、「お花が咲いていたの！」と、そのままくりかえして子どもに返すということです。そうすることによって、子どもは自分の感動が相手に伝わったという喜びを感じ、言語化する喜びを高めていくことでしょう。

大人は子どもから報告を受けると、つい質問をしたくなってしまいます。「お花が咲いていた！」と聞くと、「どこに？」と質問しがちではないでしょうか。ちいさな質問であっても、質問は子どもを緊張させてしまいます。「どこに？」と質問された子どもは、「わかんない…」と言って、それ以上の言語表現を停止してしまうかもしれません。

ある学生が保育園実習に行ったとき、こんなことがありました。子どもが「おにぎりできた！」と砂のおにぎりを持ってきたそうです。彼女は「何が入っているの？」と質問してしまいました。砂でたまたまおにぎりの形ができた感動を伝えに来たわけですから、おにぎりの中身まではまだ考えていません。困ったとき、子どもは目で考えます。その子は手に持っているおにぎりに目を向け、「砂」と答えたそうです。「砂」と言ったとたんに、おにぎりは「おにぎり」ではなく砂のかたまりに変貌してしまいます。あそびはこのひとことでこわれてしまいました。実習生が「そう、おにぎりできたの！」と子どものことばをくりかえしていたらどうだったでしょうか。「伝わった！」という喜びを得た子どもは、「ンとね、ンとね、梅干し入っているの」と、質問されなくてもさらに思いをめぐらせてくれたかもしれません。

「子どものことばを、いったんはくりかえす」ということは、松川さんにかぎらず保育者であれば誰もが行っていることかもしれません。しかし、そういうちいさなことが、伝わる喜びを育ててくれます。その喜びは、感動を言語化する原動力になるはずです。

子どもたちに感動できる体験をいっぱい保障すること、そして伝える喜びを保障すること。ことばで考える力が芽生えはじめた三歳児には、この二つがことさら大切なのだと思います。他者とともに感動する豊かな経験のなかで、ヘリクツは、たしかな思考力へと育っていくのではないでしょうか。

❸…わかって動く喜び

ことばで考える力はまだまだ未熟ですが、それでも、ことばで考えることによる新しい手ごたえを三歳児は感じはじめるようです。

ルールのあるあそびへの第一歩が、三歳児期に踏み出されます。

追い―逃げるというあそびは、ハイハイが始まったころから見られる子どもたちの好きなあそびの一つです。一歳児期には、逃げる大人が物かげにかくれて、追いかける子どもが見つけ出す「追いかけかくれあそび」が大好きですし、二歳児期にはオオカミになって追いかけるなどの「つもり」の要素をもった追いかけあそびが大好きになります。しかし、三歳児期に始まるルールのある追いかけあそび（初歩的な鬼ごっこ）は、それ以前の追いかけあそびとは、一つの点で決定的にちがいます。あらかじめことばで約束を決め、約束したとおりに動くということです。

二歳児までの追いかけあそびは、相手が追いかけてくるから逃げる、相手が逃げるから追いかけるというように、相手の動きに誘発されたあそびでした。しかし、本当の鬼ごっこでは、「鬼が『青』と言ったら、青をさわるんだよ。『赤』と言ったら、赤いものをさわるんだよ」と、あらかじめことばで約束したとおりに動くことが求められます。相手の動きに誘発されるのではなくて、自分の頭のなかにあらかじめインプットされた言語的な命令で自分のからだを動かすことが求められるわけです。

三歳児で本格的な鬼ごっこをしてしまうと、多くの場合、つかまえられたときに怒ったり泣いたりしてあそびが続かなくなります。しかし、「あらかじめ理解していたとおりに動く」ということじたいは、三歳児は大好きです。三歳児のある時期、つかまえるという要素は、必ずしも必要ありません。地面に大きな丸と三角と四角を描いて、「先生が丸と言ったら丸のお家に入るんだよ、三角って言ったら三角のお家に入るんだよ」と約束をし、「やるよ。丸ーっ！」とかけ声をかけて子どもたちがいっせいに移動する。そんな単純な移動あそびを、三歳児は夢中になって楽しみます。

保母理恵子さんの実践で、「ねこがごふくやに」という鬼ごっこがともておもしろく展開されました。ねこになった子が「ねこがごふくやにたびかいござる。たびはなんもんなんのいろ。にゃにゃもんはんの〇〇いろ」と歌います。最後の「〇〇いろ」をさまざまな色に変えて歌い、その色の服を着ている子どもが逃げ、ねこがつかまえるというあそびです。あそびのなかでは「にゃにゃもんはんのスカートさん」とか、「にゃにゃもんはんのドレミちゃん」というように、色以外のことばが入ってきたり、「にゃにゃもんはんの…考え中！」などという新しい工夫が出たりして、ますます楽しくなりました。

保母さんは、ご自身の実践をふりかえって、「分かってできること」がうれしかったのではないかと考察しています。「分かって動く」を大切にするために、いくつかの配慮をしました。色の名前を聞いてすぐに動くという瞬間的な判断は三歳児にはまだむずかしいので、逃げるまでの「間」をつくる必要がある、だから「今、何色って言った？　もう一回教えて」とか、「〇〇色だって！」と対象の子どもに言ってあげるなどの配慮です（保母理恵子

「氷の女王はどこへいくか?——三歳児後半　鬼ごっこの展開——」、ひまわり保育園、二〇〇〇)。

あらかじめことばで動き方を決めておいて、そのとおりに動ける達成感は、三歳児にとって新しい喜びです。それは、自覚的に自分のからだを動かす喜びであり、四歳児期の「ワザ」のはじまりにも連なっていくものではないかと考えられます。

大人からのちょっとだけの自立と、「おれたち、わたしたちの世界」の幕開け

三歳児の人との関わり

1…大人からのちょっとだけの自立

ことばで考える力が育ちはじめた三歳児は、大人からの離陸を始めます。自分で判断できる力がつきはじめてきたために、いちいち大人をふりかえらなくても活動できるようになるので、大人の目の届かないところでも、しばらくのあいだであれば、遊んでいることができます。交通の危険のないところでならば、「はじめてのお使い」もできはじめます。

次にあげるのは、息子と母親のエピソードですが、「おかーたん、こまるよ！」と母を叱る子どもの姿には、大人に伍して、一人前にふるまう責任感のようなものさえ、うかがう

ことができます。

近所に「骨つぎは○○へ」という絵入りの看板がかかっています。前にトモオ（三歳十一ヶ月）が「コレ、ナンテカイテアルノ？」と聞いたとき、「骨が折れたら○○へ行きなさいって書いてあるの」と答えました。

昨日、そこを通り過ぎてから「ホネ、オレタラ、ドコへ行クッテ　カイテアッタ？」と聞くので、「さあ、何て書いてあったかな、忘れちゃった」と答えたとたんにトモオは大騒ぎ。「オカータン、ホネオレタラ、ドースルノ、ワカラナイト　コマルヨ！」

私はあわてて、「骨は折れないよ、かたいから」

トモオ「ジャー、ドウシテ、ホネガオレタラッテ　カイテアッタノ？」

私、困って無言。

トモオ「ホネノヤワラカイ人ガイルンダネ、キット」

私「そんなことはないけど、えーと…」

（こすもす保育園連絡ノートより）

三歳児は、本当に大人からたくましく自立しはじめるのでしょうか。

三歳児の前半期は、大人によって見守られていたいという乳児以来の関係が顕著に残っており、担任保育者が自分を見ていてくれているかをいつも気にかけ、保育者が他の子と遊んでいると割って入って、「自分だけの先生」として保育者を独占しようとする子どももいます。しかし、後半期になっても、保護してもらっているという確信が、子どもの活動性を生み出す必要条件であり続けるようです。

一つのあらわれとして、「大目に見てくれること」「手心を加えてもらうこと」への要求があります。

第二節で述べたように、三歳児は初歩的な鬼ごっこのルールを理解しはじめますが、つかまえられたときに激しく泣く子が出るので、本当の意味での鬼ごっこはまだむずかしいものです。鬼ごっこは勝敗のあるあそびなので、負けたときのくやしさを処理することが三歳児にはむずかしいのだと考えられますが、同時に、鬼ごっこは、子どもたち一人ひとりに強烈に自立を迫るあそびだからむずかしいのだと考えられます。鬼ごっこのなかで、子どもたちは誰の助けも借りずに自分の足で逃げきらなければなりません。自立へ向けて一人で放り出されるあそびです。だから、三歳児の後半になってから鬼ごっこを導入しても、あそびのなかで子どもたちは強い緊張感を強いられます。緊張感をもっているときにつかまえられるから、他では見られないほどの激しい怒りや泣きが引き起こされるのではないでしょうか。

緊張感をやわらげて遊ぶこともできます。保育者が鬼になって、手加減を加えつつ子どもをつかまえるという展開です。

前述したひまわり保育園の保母理恵子さんは、保育者が「氷の女王」になって子どもたちをつかまえるあそびを、三歳児クラスの後半からたくさんとりくんできました。氷の女王につかまった子どもはその場で凍ってしまうが、友だちにタッチされると生き返るという、「助け鬼」のルールをとり入れた氷鬼です。クラスの人数が一〇人であったという人数的な好条件もあって、子どもたちは数か月間、夢中になって遊びました。「氷の女王」を十分に楽しめた条件はいろいろありますが、そのなかでも、「つかまってもぜったい誰かが助けてくれる！　という友だちへの信頼感や、鬼役の保育者がどこかで隙をつくるだろうという保育者への信頼感が、そのベースにあった」と保母さんはふりかえっています。

場面を実践記録から引用してみましょう。


十二月。はじめに保育者がかずまをつかまえて、「今日から私の城にわざわざつれていくのはやめにする！　すぐタッチしてにげられるからなぁー。ここで凍らせてやる！」と言って、ハイ、カキン！　と、かずまにカチカチポーズをとらせる。

「こんなところで凍っているとはだーれも気づくまい。ヒッヒッヒッ…」

（「もう気づいてるわっ！」などとベンチから子どもたちの声）

「おいっ！　大きい声でオタスケーって言うんじゃないよ。仲間にきこえちゃうからな。」

そう言い放って保育者がはなれたすきに、かずまは「オタスケェー‼　オーイ、オレはここだー！」と叫ぶ。まってましたとばかりに助けにいくベンチの子どもたち。

この日以降、このルールが定着。「オタスケー！」と叫ぶのもみんな嬉しそうで、つかまったりタッチされてにげる、にげきっては助けにいく、と、スピード感が高まり、保育者はクルクル素早い子どもたちの動きに目が回りそうになる。（保母理恵子、既出）

「大きい声で言うんじゃないよ。なかまに聞こえちゃうからな」という保育者の声がみんなに聞こえていることをどの子も知っていますし、子どもに知られることを承知で保育者がしゃべっていることにも気づいているでしょう。保育者が手心を加えていることを知ったうえでなお、「おれたちは保母さんよりも強いんだぜ」という誇りを感じています。

もう少し大きくなれば、手心を加えられてしまうと達成感を感じることができないでしょう。しかし、三歳児はそうではありません。保育者が本気を出せば自分たちは負けてしまうことにうすうすは感づいているし、大人が手心を加えていることも知っている。それを承知のうえで「すごいだろう！」と自信をもてるのが三歳児です。

言い方を変えれば、大人に対して「手心」を求めていると言えるのではないでしょうか。

別の実践で、保育者が本気で鬼ごっこに参加したことがありました。そのとき、保育者につかまえられた子どもは、「さっちゃんは速くなったのに、つかまえたらいかん！」と激しく怒り、「先生がスピード出して追っかけたからつかまっちゃった！」と大泣きしてしまいました。「先生がスピード出したから…」という抗議は、保育者が本気になったことへの抗議であり、裏を返せば、手心を加えてくれることへの要求であったと考えることができます。

第一章の冒頭で、三歳児の基本的な特徴は「イッチョマエ意識」であり、主観的には一人前と思っているけれども客観的にはまだまだ未熟であるという、矛盾をかかえた存在が三歳児であると指摘しました。しかし、実は、三歳児は自分の未熟さを知っているのかもしれません。未熟さを知りつつ、そのうえで、大人が大目に見てくれることを前提として「イッチョマエ」にふるまっているのが三歳児なのかもしれません。

であるならば、三歳児はまだほとんど大人から自立していないことになります。自立して大人を離れたように見えるけれども、幼き者として自分を保護し、大目に見てもらえることを強烈に要求している姿。それが三歳児が求める大人との関係なのではないでしょうか。

❷…「おれたち、わたしたちの世界」の幕開け——…

…伝わることが楽しくてたまらない

子どもたちは、発達とともに友だちと何度も出会い直していきます。

自我が芽生える一歳児のころは、「友だちと自分とは同じ子どもだ」ということに気づき、友だちと同じ動作をして喜び合う、同調や共感の楽しさをたくさん経験してきました。相手を痛い目に遭わせることができると気づくので、カミツキやひっかきなどのケンカも始まりました。

二歳児になると、数人でみたてあそびやつもりあそびなどを楽しむことができるようになりました。イメージが伝わり合う喜びは「心のなか」が伝わり合う喜びでもあるので、友だちとの関わりは、一歳のころよりもずっと楽しくなりました。しかし、相手の思いを理解することはむずかしいので、遠足やクッキング保育などの同じ体験がなければつもりが伝わりにくいという制約もありました（くわしくは神田英雄『伝わる心がめばえるころ』参照）。

三歳児になると、ことばの力もいっそう伸びてきて、友だちと伝え合う可能性は格段に大きくなります。給食の時間やおやつの時間には、それぞれのテーブルでにぎやかなおしゃべりが始まり、笑い声が絶えません。友だちといっぱいおしゃべりをするので、三歳児は、Aちゃんの家には犬がいて、Bちゃんには大きいお兄ちゃんがいて、Cちゃんはスーパーヒーローのオモチャをいっぱい持っているという友だちの情報を、たくさんもっています。

おしゃべりが楽しい三歳児ですが、よく見てみると、話の中身が楽しいのももちろんですが、伝わることじたいも楽しんでいるのではないかと感じられます。

実習生が三歳児クラスに入ったとき、こんなことがありました。

一人の三歳児が実習生に走り寄ってきて、いきなり「おにゃら（おなら）」と言ってケラケラ笑います。実習生の彼女もつられて笑うと、その子はいったん別の場所に走って行ってからすぐに戻ってきて、「りょくおうしょくやしゃい（緑黄色野菜）」と言っては、またケラケラ笑いました（倉田明日香さんの記録による。二〇〇三）。

「おなら」が下ネタとしておもしろいとしても、「緑黄色野菜」は、それじたいとしてはどこにも笑いの要素はありません。なのに、どうしておもしろいのでしょう。

最初の「おなら」で実習生が笑ってくれました。「この人は笑ってくれる」と感じたのではないでしょうか。だから、次にも笑ってほしい。なにかおもしろいことばはないかと探したら、たまたま思い当たったのが「しゃ」「しゅ」というおもしろい音の入った「緑黄色野菜」ということばのひびきだった。それを思いつくための時間かせぎに、いったん実習生のそばをはなれて戻ってくるという「間」をつくったのだと思われます。

笑ってくれることじたいを三歳児は期待し求めている。話題はそのためのネタであり、必ずしも十分なおもしろさがなくてもよいわけです。

三歳児は「相手といっしょにおもしろく盛り上がっていくことができる」という喜びに気づく時期なのでしょう。だから、本当によく笑い合います。短い朝の会をしているとき、誰かが変なことを言うとゲラゲラ笑いが全体に広まって、歓喜の爆発がなかなかしずまらないことがあります。両手の指を口につっこんで変な顔をつくって友だちに見せ、友だちが笑うといっしょになってうれしくなるという、ふざけやおちゃらけも大流行します。息子のトモオも、三歳児クラスでの誕生日には「おどけてふざけて止まらぬトモくん」というキャッチフレーズを担任保育者からいただきました。

三歳児どうしの関係は、「伝わる」とか「話し合う」というよりも、「通じる」と言った方が適切かもしれません。何がおもしろいのか分からなくても、おもしろさがそのまま相手に通じてしまって、いっしょになって笑い合ってしまいます。そのような通じ方は、大人には無理です。だからこそ、三歳児は大人では代わることのできない存在として友だちを求めるのでしょう。

第一章の冒頭で、イッチョマエの三歳児は自信満々で楽しくてたまらないと書きました。キラキラした三歳児の笑顔は、友だちと通じ合うことによって、いっそう大きく輝くのだと思います。

⁝おれたち、わたしたちの世界

友だちと通じ合う喜びを知った三歳児は、大人を離れ、子どもたちの世界をつくって遊びはじめます。ときには「保母さんは来ないで!」と、「子どもたち」の世界から大人を排除することさえあります。

「おれたち、わたしたち」の世界がどのようなものなのかを、実践記録から拾ってみましょう。次にあげるのは、ほしざき保育園のそらぐみ（一〇月以降に生まれたちいさい子どもたちの三歳児クラス）の一二月のようすです。

朝からままごとコーナーにいた、あんなちゃん、あんじゅちゃん、たかちゃんの三人が、何やら話しています。あんなちゃんは、キルティングの布に人形をくるんでだっこしています。「いい？　じゅんびできた〜？」とごそごそ動く子どもたち。「いいよ〜」。そして「えんそく行ってきまーす」と大きな声。「はい、行ってらっしゃい」と言うと、ベランダの方へ。「まさとも行く？」と、まさとくんとかつやくんも誘ってでかけました。しばらくしても帰ってこないので、どこへ行ったかなとさがしに行くと、いません。ベランダにも、下の階にもいません。みんなで、本当にどこへ行ってしまったの?!　と名前を呼びながらさがしました。まさかホールには行っていないと思うけれど（ホールは子どもたちだけではあぶないので行ってはいけないと言ってあるので）と、ホールをのぞくと、いました、いました。すべり台の下にもぐって、ごそごそだんごになっています（パッと見て誰もいないように見えましたが）。

会話は聞こえないけれど、時々すべり台にのぼったりして、とても楽しそうです。うわあ、おもしろそうだなと思いつつ、部屋に残してきた子や、他のクラスがホールにあがってくる時間だし、子どもだけで来てはいかんっていってるのに～と、ガラッとドアをあけました。たかちゃんは、しまった！　という顔をしていましたが、あとの子はあそんでいます。こんなところにいたのー！　さがしたんだよー！　というと、「うん、えんそくきたんだよねー」とにこにこ。みると、弁当箱には、色とりどりのフェルト玉が入っていました。下には敷物もしいてあって、ちゃわんまでもってきてありました。水筒のつもりのカップまで…。（菱川あゆみ「オレたち四歳だもんな！」、ほしざき保育園、一九九七）

大人のいない「子どもたちだけの世界」をつくることによって、楽しさがとても大きくなっていることが伝わってきます。二歳児までは、友だち関係が広がっても、○○ちゃんと△△ちゃんと□□ちゃんと…というような個人のつながりでした。しかし、三歳児はついに、「おれたち、わたしたちの世界」をつくりはじめます。「おれたち、わたしたちの世界」とは、人数の多さを言っているのではありません。子どもたちが自分たちを大人とは異なる一つのまとまりとして意識しはじめることを指しています。まだ三歳児ですから、集団のなかで役割分担をしたり協力関係をきずくことはできませんが、集団としてのまとまりを意識し、その集団に自分は所属しているという帰属意識をもてるようになります。だからこそ、「たち」ということばが使われるわけですし、まだ気分的なものではありますが、集団としてのきずなを形成しはじめます。保育者対子どもで鬼ごっこなどの競技をやって、「どうだ、おれたち強いだろう」と、集団としての誇りや喜びも感じられるようになってきます。

もちろん、年度当初から「おれたち、わたしたちの世界」をつくれるわけではありません。通じ合う喜びが子どもたちを少しずつ結びつけ、その結果として「おれたち、わたしたちの世界」がきずかれていきます。前提に、通じ合える喜びがあります。ですから、あそびの趣味が似ていて、同じことを楽しいと感じられる子どもどうしが最初に仲よくなっていきます。しかし、たまたまいっしょにいて、いっしょのことをやったらおもしろくて共感し合えたという経験も、子どもたちをつないでいきます。保育者には、たくさんの種類の遊具や多様な分野のあそびを準備して、活発なあそびが好きな子も、静かなあそびが好きな子も、どろんこが好きな子も、ブロックが好きな子も、それぞれの趣味に応じておもしろさを見つけ、そのおもしろさで友だちと通じ合えるチャンスがもてるように配慮することが求められるでしょう。

∴「仲よし探し」を始める子どもたち

大人とのあそびでは得られない友だちとの楽しさに気づいていくとともに、三歳児には友だちとの関係じたいを求める気持ちが少しずつ芽生えはじめるようです。

ちいさなエピソードをあげてみましょう。

午睡前、保育室で積木をいっぱい並べ、長い道路を作ったかずはくんとこうきくん。その上に全部のミニカーを乗せ、「フタリデ　ガンバッタンダヨ」とかずはくん。「カンガエテツクッタ」とこうきくん。二人ともうれしそう（安藤ふみ・福田敦之、既出）。

「二人で、がんばったんだよ」という、かずはくんのことばに注目したいと思います。あそびが楽しかっただけではなく、「二人で遊んだ」ということにも満足感を感じていることが読みとれます。友だちといっしょにいるという関係が、子どもの意識に映りはじめ、関係じたいを求める気持ちが生じはじめているのではないでしょうか。

友だちの好意をうれしく感じる気持ちは、すでに二歳児クラスのころから見られはじめます。

次にあげるのは、さとしくんのおかあさんの書いた連絡帳の一節です。

昨日保育園を休んだときに、先生から「さとしくんがいなかったので、ともみちゃんやみどりちゃんが寂しがっていた」という話を聞かせていただいたので、それをさとしにも伝えてみました。さとしはそれがとても嬉しかったらしく、今日は一日中、ときどき遊ぶ手を休めては、「キノウ、ホイクエンデ、ドーシタノ?」と聞きます。私が「さとしくんがいなくてさびしいよーって、ともみちゃんやみどりちゃんが泣いちゃったんだって」と話すと、さとしはニッコリ満足そうにうなずいて、また遊びます。
(さとし三歳二か月。こすもす保育園連絡ノート)

このように、友だちから好かれる喜びは、すでに二歳児クラスのころから存在します。しかし、友だちとの関係を求める積極的な動きは、三歳児クラスの後半から出てくるように思われます。

信濃町保育園と諏訪きぬさんは、三歳児クラスの子どもたちは「仲よし探し」を始めるのではないかと問題提起をしています。運動会をすぎるころから、好きな子の隣に座りたくて、コップを持ったまま、食卓のまわりをウロウロしたり、隣に座れないと大泣きをしたりという子どもの姿が見られるけれど、お正月をすぎると席争いはほとんどなくなり、それと同時に、二人で一つのロッカーを使ったり、午睡用の衣類かごに二人分の洋服を入れる姿が見られるようになってくる。このような経過が毎年のようにくりかえされるので、「席争い」などの「混乱」は子どもの懸命な「仲よし探し」なのではないか、落ち着いた姿は「仲よし」が見つかったからではないか、と指摘しています(諏訪きぬ編著『かかわりのなかで育ちあう』、フレーベル館、一九九二)。

子どもが特定の友だちを求めて、まるで「ストーカー」のような行動をとることが、三歳児クラスの後半ではめずらしくありません。AちゃんがBちゃんを求めたとき、絵本を読んでいるBちゃんの隣に入り込んで、いっしょに同じ絵本を見ようとします。Bちゃんはうっとうしくなって、その絵本をAちゃんに渡して、自分は別の場所に行って別の絵本を読みはじめます。すると、Aちゃんはさっきの絵本を放り出して、またBちゃんの隣にやって来て同じ絵本をのぞき込む。すれちがいの友情なのですが、友だちとの関係そのものを求めて子どもが動き出していることが分かります。

友だちとのあそびが楽しいだけではなくて、友だちとの関係を積極的につくり出そうと、少しずつ動きはじめる三歳児。それは、人間関係じたいを意識して関係づくりを本格的に模索しはじめる四歳児の前ぶれでもあります。

第2章

四歳児クラスの子どもたち

四歳児の自我

ふりかえりはじめる四歳児

❶…名実ともに胸を張りたい

…ふりかえりはじめる四歳児

三歳児まで自信満々の世界に住んでいました。自分の姿が客観的にどうあろうと、大きくなった自分を信じ一人前になった自分を信じていられるために、慣れた場面では底抜けの明るさを発揮したのが三歳児でした。しかし、一人前としてふるまおうとすればするほど、子どもたちの意識には、「本当の一人前の世界」＝「子どもの世界を超えた世界」がしだいに映し出されてきます。「すごいでしょ」と自己主張すればするほど、「すごいとはどういうことか」という点検の目も生まれてきてしまいます。その結果四歳児期になると、主観の世界を抜け出て客観的な目で自分を見つめ直す、新しい視野の広がりが生まれてきます。

四歳児の基本的な特徴を、「ふりかえりはじめる四歳児」ということばで表現したいと思います。「ふりかえり」とは、視野の広がった目で自分自身を見つめ直すことを意味します。「始める」とは、ふりかえることが始まったばかりで、どのようにふりかえったらよいのか、その基準が整備されていない状況を意味します。

三歳児のようにひとりよがりの自信満々ではなくて、自分をふりかえって、名実ともに「すごいね」と言われたい四歳児。しかし、ふりかえるためには、自分を評価するための基準が必要ですが、その基準がまだ未整備であるために、きちんとふりかえったり、名実ともに「すごいね」と言われるための手だてがなかなか見つからない。そのジレンマの中で、ときには揺れる気持ちを味わいながら、心を深く、たしかに育てていくのが四歳児期ではないでしょうか。

❖期待に応える自分でありたい

なまえをかえて
ふかぼり　てつじ（四歳）
てっちゃんのなまえ

かえてやなあ　なあ
ながいことつかって
ふるくなったから
かえてやなあ　なあ

すみもとよしひろくんに
かえて　なあ

男の子でよかった
　　こいけ　ひろし（五歳）
ぼく　ぜったいに
男の子で
よかった
だって　ぼくのかお
女じゃ　にあわない
（いずれも亀村五郎編集『こどものひろば』、福音館書店、一九八三より）

右の例のように、自分をふりかえる発言が四歳児期以降、急に多くなります。しかし、私はもっと広い意味で「ふりかえる」をとらえたいと考えています。

私が幼稚園の園長を兼任していたとき、正月明けの最初の登園日に園の門で子どもたちを待っていたことがありました。「お正月だから、『あけましておめでとう』と迎えてあげよう」と思って、出迎えに行ったわけです。

最初に来たのが三歳児でした。私が「あけましておめでとう！」と声をかけると、彼らは「おはよーっ！」と返事をしました。「あけましておめでとう」という返事を期待していた私はちょっと拍子抜けをしましたが、「そうか、『あけましておめでとう』と言うのは、大人のしきたり。子どもたちには盆も正月もなくて、毎日の楽しさがすべてなんだな」と思い返しました。それで、次からは、「新年が始まるよ」ではなくて「今日も楽しい一日が始まるよ」という気持ちを込めて「おはよう！」とことばをかけることにしました。

次に来たのが四歳児の一群です。私が「おはよーっ」と声をかけると、彼らは足を止めて「あけましておめでとうございます」ときちんとあいさつをしました。私は「しまった、四歳児はちいさな大人だった」と思い直し、次からは四歳児以上には「あけましておめでとう」と声をかけることにしました。

三番目にやって来たのが五歳児の一群です。私が「あけましておめでとう！」とことばをかけると、彼らは「おめでとうございます」のあとで、「本年もよろしくお願いいたします」ということばを継いだのでした。お正月に親に連れられて親戚まわりなどをしたのでしょう。そこで「あけましておめでとう」ということばに接したのだと理解できます。「子どもの世界」で生きている三歳児にとっては、大人のしきたりは自分から遠い存在。しかし、四歳児は、「世間ではそういうしきたりなんだ」ということに気づいて、そのしきたりに自分も応えることによって、「胸を張れる自分」でありたいと考える。だから、大人のしきたりにそってふるまったのではないでしょうか。

こすもす保育園の四歳児クラスが保育園に宿泊したときのことです。「夕飯にはレストランに行きたい」という子どもたちの希望を聞いていた保育者たちは、夕食の場所であるホールをレストランのように飾りつけ、近所の喫茶店から銀のお盆を借りてきて自らも本格的なウエイトレスに扮して子どもたちを招きました。いつもとちがう雰囲気のなかで、子どもたちはかしこまって食事をとっていました。ウエイトレスに扮した一人の保育者が「お味はいかがですか?」と質問すると、ある女の子はまじめな顔で「けっこうなお味でございます」と答えたそうです。

三歳児は、大人に手心を加えてもらっているのを承知のうえで、「子どもたちの世界」ではればばれとしていました。三歳児の世界は自己完結していたと言えるかもしれません。しかし、四歳児になると、まわりの世界が少しずつ見えてきます。「あけましておめでとうございます」「けっこうなお味でございます」とかしこまってあいさつする四歳児は、まわりの世界の「作法」にしたがって、背伸びをしてふるまおうとしたように思われます。

こういうところにも、四歳児の視野の広がりとふりかえりを読みとることができます。

∴育ちはじめる点検の目

ふりかえりはじめる四歳児は、客観的な判断でものごとを見つめ直すようになります。その結果、三歳児期のように、雰囲気や気持ちの盛り上がりだけで分かったつもりになったり、自信をもったりすることが、できにくくなります。

次のエピソードは、そのような育ちをよく表しています。

ちよ（四歳）「エーン、けがしちゃった。ちが、でちゃったの。」
〈チチンプイプイすれば、いいでしょ。〉
ちよ「まほうじゃ、なおらないの！」
（児童の言語生態研究会・上原輝男編『はなぢがナンでえ―子どものことばの記録―』、童心社、一九八二）

四歳児は、もはやリアルな認識の世界へ入り込みはじめています。したがって、ほめられるときも、自分が納得できなければ、自信をもてない姿を見せはじめます。次にあげるのは、四歳児クラスに入った実習生の記録です。

いっしょにおやつを食べている時

Sちゃん　梨を指さしながら「これなあに？　りんご？」
私「これはねー、りんごじゃなくて、梨だよー。」
Sちゃん「りんごと何がちがうの？」
私　ちょっと悩みつつ「りんごの皮は赤いけど、梨の皮は黄色いんだよ」
Sちゃん「ふーん、そっかー。」と言いながら梨を食べる。「Sちゃんねー、梨好きだしねー、クッキーも好きなんだよー」と嬉しそうに言う。
私「そっかー。Sちゃんは全部好きなんだねー。」
Sちゃん「うん…。」といきなり無表情になってしまう。そのあと、元気に梨とクッキーを完食する。
私「Sちゃん、もう全部食べられたのー？」
Sちゃん「うん…。」とまた元気がなくなる。
　牛乳のコップを持った。まだ一口も飲んでいない牛乳が残っていた。（武藤明恵さんの記録による。二〇〇三）

三歳児ならば、実際の自分をふりかえることが不十分なので、ほめられれば即自信になるでしょう。しかし、ふりかえって自分を点検する力が育ちはじめている四歳児は、おおざっぱにほめると、「いたらない自分」を意識してしまうのかもしれません。

「私」の「そっかー。Sちゃんはぜんぶ好きなんだねー」ということばでは、「ぜんぶ好きではなくて、嫌いなものもある」という自分をふりかえってしまい、「Sちゃん、もうぜんぶ食べられたのー?」ということばで、「ぜんぶ食べたのではなくて、牛乳が残っている」という現実を意識してしまう。その結果、「元気がなくなる」ということになったのだと考えられます。

自分を意識する自我の働きは、いつの年齢でも自分に誇りをもちたいと願っています。三歳児までは、確かめる力が不十分なので、周囲にほめられれば自信をもつことができました。また、自分で「すごい」と思えば、客観的にはどうあれ、それが自信になっていきました。しかし、ふりかえりはじめる四歳児の自我は、そのようなあいまいなことでは誇りをもてなくなっています。客観的に認められる実績を自分が積んだかどうか、という点検の目で自分を見つめはじめるからです。周囲からどんなに賞賛されても、自分で納得できなければ自信をもちきれないし、周囲からの賞賛に値しない自分を感じてしまえば、ほめられることに対して「うしろめたさ」を感じるようにさえなります。

したがって、四歳児の自我を育てるためには、人にほめられるだけではなくて、自分でも納得できる「ほめられるに値する実績」をすべての子どもにどうつくり出させていくのかが重要になります。

❷…期待に応えようとする気持ちと、理解の不十分性と――…

…分かっているようで分からない

実績を積むためには、さまざまな活動にチャレンジして、一定の達成感を味わうことが必要です。しかし、四歳児はまだふりかえりはじめたばかり。ふりかえって自分を評価するための基準は整備されていません。「何が求められているのか」という理解は不十分であり、「どうすれば期待に応えられるのか」という理解も不十分です。理解が不十分ななかで期待に応えようとするために、ときには苦しい経験やけなげな努力をしなければならなくなります。

園長を兼務していたとき、夏休みに入る前日に子どもたちにこんな話をしたことがあります。

「夏休みは、みんなが大きくなるときだよ。どうしたら大きくなれるかというとね、昼はいっぱい遊んで、夜は遅くならないうちに寝るといいよ。そうすると大きくなるんだよ」。一生懸命私の話を聞いていたある四歳児は、夏休みに入ってから、「園長先生とお約束したから、たくさん寝なければ」と、お昼から自分でふとんを敷いて寝ようとしたそうです。私は「昼から寝るように」とは言っていません。昼は元気に遊んで、夜になったら遅くならないうちに寝ようね、と語ったのですが、理解力が不十分な彼には不正確に伝わってしまったのでしょう。自分なりに理解した「園長先生とのお約束」を律儀に守り、期待に応えるステキな自分であろうとしたわけです。

理解の不十分性は、「何をすべきか」についての融通の利かない判断を導くこともあります。ある保育園の四歳児は、「ものを大切にすることも大事だけれど、汚くなったパンツは買いかえた方がいいよね」という担任保育者の何げないことばを耳にしたその日、家に帰ってから「これも捨てる、これも捨てる…」と、どんどんパンツをゴミ箱に捨ててしまいました。汚いけれどもまだ使える範囲なのか、やっぱり捨てた方がいいのか、という柔軟な判断ができず、汚れているものをすべて捨ててしまいました。

別の四歳児は、幼稚園の先生と「夜八時になったら寝ましょうね」と約束した日以降、夕食の時間が遅れると、「八時をすぎちゃう！　おかあさんが悪い！」と大騒ぎをして、家族中に当たりちらすようになりました。「八時になったら寝た方がいいけれど、事情によってはそうもいかないときがある」という柔軟な判断にまでは、到達していないわけです。

融通の利かない困った姿ではありますが、期待に応えて名実ともに胸を張りたいという、四歳児らしいけなげさだとも言えるでしょう。

自分がミスをしてお友だちに迷惑をかけたとき、大人であれば、軽く「ごめんなさい」とあやまってすませてしまえることでも、子どもにはあやまることができない場合があります。あやまるとは自分が悪い子だということを認めてしまうこと、そして、「悪い」というのが「少し悪い」から「とても悪い」までの幅のあるもので、そのなかの「ちょっとだけ悪い」というところに位置づくのだと理解されず、「悪い」＝「ダメな子」と理解してしまうから、あやまりにくいのではないでしょうか。「○○ちゃんは悪い子」と考えたら、その子は救いようもなく悪い子だと理解してしまう、「○○ちゃんは乱暴でこわい」と考えたら、その子が近づいただけで硬直してしまう。そんな余裕のなさも出やすくなります。

判断基準が形成されはじめたけれどもまだ使いこなせないうちは、子どもが真剣であればあるほど、子どもからゆとりを奪ってしまうことがある。四歳児は、そのピークの時期です。

四歳児の自我は、このようななかで周囲からの期待に応え、実績をつくりつつ誇りある自分を目指そうとするわけですから、「できるかな」「できないかな」と、心が大きく揺れてしまいます。

瀬地山澪子『三歳から六歳へ——昌和たちの世界』(日本放送出版協会、一九七二)は、このような四歳児の姿をみごとに描き出しています。

この本は、二年保育の幼稚園に入園する一年前から年長組を終わるまでの三年間、朝から晩まで主人公である昌和くんたちの幼児グループに密着して、その「生態」を記録したものですが、昌和くんが年中組に入園したあと、五月の連休明けから一〇月の運動会の練習まで、長期間にわたって幼稚園の活動に参加しなくなったエピソードがつづられています。リトミックの練習をするときには輪からはずれて椅子に腹ばいになってやろうとしない、輪の中へ参加させるとグニャグニャとへたり込む。紙制作のとき、先生に「あっ、昌和くん！　そこまちがっているヨ！」と指摘されただけで泣き出して、椅子からすべり落ちるようにして机の下にもぐり込んでしまう。一〇月の運動会の練習では完全にエスケープして運動場に出ようともしない。昌和くんの力を認めていた著者の瀬地山さんは、「できる力をもっているのになぜやらないのか」と不審に思い昌和くんに問いただします。すると彼は「はずかしいもーん」と答えるのです。そのことばで瀬地山さんは、「四歳児の心のなか」について、「そうだったのか」と思い当たるのです。該当箇所を引用してみましょう。

「自分だけを主張していた三歳児に比べて、四歳児は〝外からの指令〟をとても大切に取り入れて、ひとからいわれたことやルールを、自分を通して実現しようという意識化をはじめる。だから、四歳児は、とてもよくいうことを聞いたり、よく見たりしているのだけれども、いざ自分がやる段になると、まだまだ理解に不確定なところがあるために、うまくできなかったり、思った通りの結果にならなかったりして、戸惑ってしまう。そのうえ、人から見られているとか、きまりどおりやれるかどうかとか、四歳児はそういうことを心の中に重圧として感じとるようになっている。…」

このように理解して昌和ちゃんを見ると、活動には参加しなくても、友だちの活動を見る目は、明らかに三歳児のときとは異なっているのです。もう一か所引用してみましょう。

「スキップの時間である。二人ずつ手をつないで、順番にみんなの前でスキップをしていく。敦子ちゃんの順番がきたとき、昌和ちゃんはジーッと穴のあくほど敦子ちゃんのスキップを見ていて——もう、三歳の時のように相手の顔ばかり見るのではなくてちゃんと足を見ていて——下手でおかしいといってクスクス笑っている。…」

「相手の顔を見る」というのは、楽しさを相手の表情や雰囲気から察するという、ゼロ歳以来の子どもの認識の重要なポイントでした。三歳児までは、表情や雰囲気を通した「楽しさ」の伝達が、子どもたちの活動意欲を引き出したわけです。ところが、四歳児クラスになると、楽しいかどうかという活動の意味とは別に、「どのようにやるのだろう?」という行為への冷静な注目が生じてきます。「ちゃんと足を見ていて」というのは、乳児期を引きずっている三歳児とはちがって、名実ともに幼児になった四歳児の姿として理解することができるわけです。そして、そのことが「下手だ」という意識を生じさせ、「はずかしい」という気持ちややろうとしない頑固さをも引き起こしています。

「やらない」と言ったらテコでも動かない頑固な四歳児。子ども自身にとっても苦しいことでしょう。その頑固さには大きな個人差があるけれども、個人の性格の問題としてだけではなく、発達をしてきた表れとしても理解したいと思うのです。

・・はじめてのことへの不安

第二そだち保育園の水野志保さんは、四歳児の不思議な成長を報告してくれました。子どもたちと相談をして「桃太郎の修行」というテーマを決め、戸板登りと鉄棒を運動会で発表することにしました。運動会前日まで、助け合いや励まし合いも見られ、すごく楽しく練習が進んで子どもたちもはりきっていました。ところが運動会当日、泣いておかあさんから離れられなくなったり、できなくなったりしてしまう子が続出して、保育者の評価としてはさんざんな運動会となってしまったのです。見ていた保護者から「よかった」という感想をいただいたものの、実践者である水野さん自身は落ち込んで、「運動会は当日がすべてではなく、それまでの練習でたしかな力は育っていて、子どもたち一人ひとりにも達成感が見られたからよかったのではないか」と気持ちを整理できるようになるまでには、ずいぶん時間がかかったということでした。

運動会の一か月後にリズム発表会がありました。たくさんの保護者の前でリズム運動をご披露する行事なのですが、運動会で子どもたちが動けなくなってしまった経験をしたあとだけに、水野さんは不安な気持ちがいっぱいでした。子どもたちは運動会のときと同じように不安になって、自分の力を発揮できなくなってしまうのではないだろうか…。

ところが、リズム発表会のときは、すべての子どもが自信満々で、自分の力を十二分に発揮してくれたのです。リズム発表会の前にはリズムあそびをたくさんやったけれど、運動会の前にだって、戸板登りと鉄棒はたくさん経験しました。習熟の度合いにちがいはないはずなのに、子どもたちの動きを変えさせたものは何だったのでしょうか。

園内の議論で、次のような可能性が指摘されました。

四歳児は、三歳児クラス時に運動会の経験をしているとはいえ、十分なイメージをもてず、運動会当日の予想を超えた雰囲気に圧倒されてしまった。しかし、運動会じたいが一つの経験となったので、リズム発表会のときには「たくさんのお客さん」のイメージがもて、心の準備もできて、落ち着いて演技することができたのではないだろうか。

二〇〇三年度全国保育団体合同研究集会の四歳児分科会で報告された糸島百合子さん（鳩の森愛の詩保育園）の実践でも、共同画が二度とりくまれました。どちらのときも子どもたちのやる気はいっぱいでしたが、一度目のときは、「みんなで一つの恐竜を描く」という共同画の意味を理解していた子と、大きな紙にそれぞれが自分の恐竜を描くと思い込んでいた子とがいて、トラブルになってしまいました。とりくみに先立って保育者からの説明があったのにもかかわらず、子どもたちのイメージはバラバラだったわけです。二度目も、保育者は「またトラブルになるのではないか」という不安をもちながら共同画にとりくんだのですが、子どもたちは保育者の予想を超え、みんなで協力して一つの絵をつくるという姿勢をどの子ももって、本来の共同画をつくることができたのでした。

ことばの力が育ってきた四歳児といえども、ことばの説明によって十分な理解やイメージに到達するには制約があるのではないかと考えられます。

私は自分が幼児だったときのことを思い出しました。絵が好きで、コンクリートの地面の上にチョークでいっぱい絵を描いていた私に、ある日祖母が、「あなたは絵が上手だから丸をあげる」と言って歩き出しました。「丸」ということばの響きからおだんごのようなものを想像した私が、「どんなにおいしいものがもらえるのだろう?」とワクワクしてついて行くと、祖母は赤いチョークで「二重丸」を描いて、「はい、上手でした」と言っただけでした。「なーんだ、丸を描くだけだったんだ」と妙に納得したことを今でも覚えているのは、期待はずれのがっかりが大きかったからです。

このような経験があるので、幼児がことばを聞いて思い浮かべる内容は実際とは大きく異なっていることがある、ということに私はすごく共感してしまいます。

しかし、「丸をあげる」ということばで「おだんごのようなもの」を想像したことは、それが大きく的はずれであったとしても、ことばによって経験したことのないものを想像できる力が育っていたことも示しています。

ほしざき保育園の大橋美由紀さんは、お昼寝前に忍者を主人公とした「おこりたろう」という創作ばなしを子どもたちに聞かせました。ほんの一〇分～二〇分の短い話でしたが、クラス全員がしっかりと集中し、おもしろいところでは、みんなでドッと笑ったりして、目をきらきら輝かせて聞いていました。毎日お昼寝のときには子どもの方から「おこりたろうの話して！」とリクエストも出るようになったということです（大橋美由紀「一人ひとりが自信をつけていくために」、ほしざき保育園、一九九四）。

三歳児期のように、「リョクオウショクヤシャイ（緑黄色野菜）」などの音の響きをおもしろがるだけではなくて、ことばによって想像の世界を楽しめる力が四歳児には育っています。だから、四歳児は人の話をとてもよく聞きますし、おばけや火事の話など、こわい話を心からこわがるようにもなります。

しかし、思い浮かべる内容は、子どもによってまちまちなのかもしれません。前項であげた、園長先生とお約束をしたから昼寝をしようとした子どもの例に見られるように、ことばによる説明だけでは十分な理解が成立しないことがあり得るでしょう。そのために、いざ行動する段になると理解の不十分性によってひるんでしまったり、思い込みで動こうとしてしまったりしてもしかたがありません。

運動会で泣いてしまったり、はじめての共同画でトラブルを起こしてしまうということは、このように考えるならば十分に理解できます。三歳児は雰囲気や気持ちの高まりで動けるけれど、四歳児はイメージをもって分かって動きたい。だけど、説明されただけではやっぱり十分な理解が生じない。だから戸惑ってしまう。

しかし、水野志保さんの実践と糸島百合子さんの実践は、一度経験しさえすれば二度目にはりっぱにやりとげる力を四歳児はもっているということも示しています。経験をくぐり抜けさえすれば、それをとり込んで力に変えていく大きな吸収力をもっているのが四歳児。五歳児のようにあれこれと思いをめぐらせて考えることはまだ不十分であり、そのためにひるんでしまうこともあるけれど、ふりかえって自覚的に生きているがゆえに、経験を成長の糧としてぐんぐんと育っていくのが四歳児なのではないでしょうか。

主任保育士の長坂鈴代さんは、四歳児で入園してきたけれど、登降園時に園児服やカラー帽子を身につけることさえもいやがり、園の活動のほとんどに参加できなかったUくんを、二年間ていねいに観察し追跡しました。Uくんは、園行事などがあっていつもとちがう雰囲気になったり、はじめてのあそびを始めるときなどには、より強く抵抗をしました。そういうときに保育者に誘いかけられると、意固地なほど頑なになってしまいました。しかし、友だちやみんなの活動はよく見ています。そして、見ているあいだに「楽しそうだな」と思うと自分から近づいて来るようになり、タイミングよく保育者が誘いかけることによって、少しずつ活動に参加するようになりました。年度はじめは担任保育者が誘ってしまうことが多かったために時間がかかりましたが、「見る参加も参加への第一歩」と考え直して受容的に関わるようになってから、Uくんは変わりはじめました。

長坂さんは、次のようにまとめています。

「友だちの遊びを見ている時の表情や動き、しぐさの変化に保育者は目を向け、少しずつ遊びへの距離や行事の会場への距離を縮め『やってみたいな』『やってみようかな』と気持ちが動くのを温かいまなざしで見守った。そして、U児の気持ちが揺れ動いた時に寄り添い手を差しだしてして関わる事で、『やれた』『これでいいんだ』という体験を得る事ができた。その上で、体験したことが次に生かされていくよう、保育者が見通しを持って導いていく関わり方が大切であることがわかった」（長坂鈴代「子どもの気持ちにそった保育者のかかわりとは」、愛知県現任保育士研修運営協議会『平成13年度愛知県現任保育士指導者養成研修（尾張部）・主題研究発表論文集』、二〇〇二）。

高羽亮平さんと鈴木さゆりさんは、あそびに誘うとき、ことばで強く誘うのではなくて、楽しいあそびを子どもたちに見せ、子どもたちが「やりたい」と思えるようにしていくことがみんなで遊ぶあそびをつくり出していくうえで大切であったと、次のような実践を報告しています。

保育士が「さぁみんなはじめよー！」と声をかけるのではなく、子どもたちから「入れて！　入れて！」という声がいっぱい出てくるようなあそびの面白さを作ってきました。

氷オニを園庭でしているときに、ベランダからゆうすけ君とまゆちゃんが自分たちのあそびの手を止めて園庭の様子をじっと見ているときがありました。保育士は「氷オニ楽しいよ、いつでも入っておいで」と声はかけますが、ここでは無理強いはせず、みんながあそびを楽しんでいる雰囲気を感じて、輪の中に入ってきてほしいという思いもありました。数日後、二人は「入れてー!」と氷オニに笑顔で入ってきました。それ以降は楽しいと思えるところにはどんどん入ってきます。(高羽亮平・鈴木さゆり「たくさんの体験を肥やしに友だちと支えあい、自分のことを考える子どもたち」、こすもす保育園、二〇〇四)

ことばによる理解力が育ちつつあるけれどもまだ不十分な四歳児。だけど分かって動きたいのも四歳児。そのために活動の入り口で戸惑ってしまい、はじめてのことへ不安が大きくなりがちだけど、活動のなかで経験を吸収していく力がとても大きくなっているのも四歳児。「入り口はていねいに、活動は豊かに」という保育を、四歳児は求めているのではないでしょうか。

∴納得すれば意欲的な四歳児

では、このような四歳児に、大人はどのように関わったらよいのでしょうか。

活動に参加しようとしない子どもに対して、大人は「やればおもしろいよ」「がんばってやってごらん」と声をかけることが多くなりがちです。「無理にさせなくても、自分のやりたいことをやらせるのが主体性を尊重することだ」と判断して、参加を呼びかけないことがあるかもしれません。しかし、どちらの働きかけも、四歳児の気持ちを考えれば、「半分の働きかけ」ではないでしょうか。

多くの場合、「やれるものなら、ぼくだってやりたいんだ。だけど…」というのが、四歳児の本音なのだと思います。なぜならば、周囲の人の表情や雰囲気からその活動の意味を読みとって魅力を感じるという乳児以来の心の働きが、四歳児になって消えてしまうとは考えられないからです。四歳児の「いや」は、「やりたくない」という意思表明なのではなくて、「できそうに思えないけど、どうしたらいいの?」という、指導や援助への要求だと理解すべきだし、「できるかな、できないな…、でも、できるかな」という気持ちの揺れの表れでもあると考えられます。

そのような四歳児に、ただ気持ちを高めることに向けた「がんばれ」という働きかけはどういう結果をもたらすでしょうか。子どもを追いつめ、緊張を高めて、活動からいっそう遠ざけてしまうことになりかねません。また、「やりたくなければいいんだよ」という働きかけは、「みんな楽しそうなのにぼくだけ入れない」という、クラス集団からの疎外感を引き起こしかねません。どちらの場合にも、苦手意識をつくり出したり集団から身を引く姿勢をつくり出したりして、「主体性」を育てるつもりが、もともとあった主体性を発揮できなくさせてしまうかもしれません。

もう半分の働きかけとして、評価基準をていねいに伝えることと、「こうすればできる」という手だての見とおしを与えることが必要なのではないでしょうか。自分の行為を自覚的に認識できるようになった四歳児だからこそ、行為への注目のしかたを導いていく必要があるわけです。

ある四歳児クラスに、集団活動に参加しない子どもがいました。その子の状態は次のようでした。

①鬼ごっこやフルーツバスケットなどが始まると逃げ出し、かくれたりして、参加することを極端にいやがる。保育者が誘うと泣いていやがる。

②制作活動は好きで、喜んでとりくむことができるけれども、お絵描きなどで、簡単な課題のあるお絵描きはなかなか描けず、自分の思ったとおりに描けないと泣き出したり、紙をぐしゃぐしゃにすることがあった。

③クラス全体で話をしているときに保育者の話を聞いているようだが、同じことを何度もくりかえして聞いてくる。

④延長保育の時間になると、保育者にべったりくっついてくる。

①〜③の姿は、「ゲームで負けてはいけない」「上手にできなければ」「先生の言ったとおりに行動しなければ」という「あるべき姿」を思い描いて行動しようとするけれども、そ

のとおりにふるまえる自信がないためにひるんでしまった姿だと理解できます。「何かをしなければならない」という課題的状況がある場合は、「やらなければいけないときにやらない自分」＝「保育者に認められていない自分」を意識してしまうので、保育者に素直に甘えることができず、居心地の悪さ、安心して園生活を楽しめない状況を生んでしまうのでしょう。延長保育の時間は、課題的状況がないので、「できない自分」を意識しなくてもよいから保育者に甘えることもできる。それが④の姿なのではないでしょうか。

集団的な活動に参加できない本児の姿は、四歳児らしさを典型的に表現した姿なのだと理解できます。

この子に対して、保育者は、評価基準をきめこまかに伝えるという対応をしました。

カエルの絵を描く活動にとりくんだときのことです。

本児はカエルの目から描きはじめたのですが、途中で描きかけの紙をぐちゃぐちゃに丸めて、ゴミ箱に捨ててしまいました。思うように描けないので、活動を放棄してしまったわけです。保育者はゴミ箱から紙を拾い、本児の前でしわを伸ばして広げました。そして、「○○ちゃん、ぐちゃぐちゃにしてしまったけど、目はとっても上手に描けているじゃない？」と言って、本児が描いた目の輪郭のなかに、黒目の部分だけは保育者が描き足してあげました。そのことばを聞いた本児は、ハッとしたようでした。たしかに、目の部分は上手に描けていたのです。

本児は、保育者のこのような働きかけによって、「部分的に上手でも上手のうち」「ちょっとでも上手なところがあれば、胸を張れる」ということに気がついたのでしょう。翌日から、描画活動のときには、四〇分もねばって描きあげるように成長しました。

何らかの判断基準に従って自分をふりかえりはじめる四歳児。しかし、その判断基準はまだ気づいたばかりのおおざっぱなものです。

四歳児にとって「上手な絵」とはどのようなものなのでしょうか？「クラスで一番上手だと言われるお友だちと同じような絵」という意味で「上手」ということばが使われているかもしれません。であれば、自分では実現できない高い目標になってしまいますし、実現できないと思うからひるんだり、ふざけて活動から逃避したり、頑なに活動を拒否したりという姿が出てしまっても無理はありません。

上手か下手か、という判断基準は、それほど硬直したものではない。トータルの評価だけではなくて、この部分はすごいという評価もあり得るという、判断基準のきめこまかな運用と、「上手—下手」の両極だけではない中間の判断もあり得るという柔軟な考え方を伝えることによって、子どもたちの「ぼくにもできそうだ」という気持ちが引き出されるはずです。

どんぐり保育園の伊東弘子さんは、四歳児を棒登りに誘ったとき、ひるんでいる子どもたちに対して、ちょっとだけできるお友だちの姿に気づかせました。その子は、棒をよじ登ることはできなかったけれど、両足の平で棒をはさむことができていました。伊東さんは次のようにことばをかけました。

「みんな、〇〇ちゃんを見て！（棒を登ることはできないけれど）足の平でこうやって棒をはさんでいるよね。すごいねえ」

伊東さんのことばを聞いて、それまではひるんでいる子どもたちもいっせいに動き出したということです。

棒登りをはじめて見た子どもたちは、「棒登りができる」とは、てっぺんまで登ることだと理解したでしょう。そこでは、「登れる―登れない」という二者択一の評価基準しかありません。空に届きそうなあんなに高いところまで登るのは無理だと感じると、「ぼくにはできない」と尻込みしてしまいます。伊東さんの働きかけは、「頂上まで登れなくても、足ではさめるだけでも一歩前進なんだ」というきめこまかな評価基準に、子どもたちを気づかせました。もともとはやりたがりの子どもたちですから、「自分にもできそうだ」と思えば、われもわれもと、棒登りに挑戦する姿勢が発揮されます。

評価基準をていねいに伝えることについて述べてきました。活動にひるみやすい四歳児には、もう一つの配慮も必要です。それは技術的なアドバイスを通して、「ぼくにもきっとできる」という見とおしを、胸落ちする実感として子どもたちに伝えることです。

名東保育園の宮野貴子さんは、縄とびにひるむ四歳児に対して、どうして縄が足に引っかかっちゃうのかを考えさせたことがあります。すると、それまでは縄といっしょにジャンプするから縄といっしょに着地して失敗していた子どもたちが、「縄が前にポンと落ちてからパッと跳ぶんだね」ということに気づき、「ポン、パのリズムでやればいいんだ！」と自分の行為を自覚して、縄とびが急に好きになったということです。もともとやりたい気持ちはある四歳児ですから、「やれそうだ」という見とおしを得たときには意欲が吹き出します。ある園の縄とびが苦手だった四歳児は、「できる」という見とおしをもってから急に縄とびに夢中になって、一週間後には、いつも車で登園している園までの道のりを縄とびで行くと言い張って、とうとうやりとげてしまったそうです。

「頑なな四歳児」と先に述べました。しかし、実は、「納得すれば意欲的な四歳児」なのです。目標がこなれて理解され、達成への手だてが見えて、「自分にもできる」ということに納得できるかどうかが分かれ道。そして、子どもに納得を与えられるためには、それぞれの活動についての「教材分析」を深め、手だてについて保育者の側が見とおしをもっていることが、幼児の保育には重要だということになるでしょう。

❸…「あこがれ」が子どもを育てる……

揺れる心をかかえながら、「やりたい」「できるようになりたい」と心から思ったときには、四歳児は大人も感動するほどのがんばる力を見せてくれます。

大橋美由紀さんは、運動会を前にしたゆかりちゃんの、こんな姿を報告してくれました。

忍者の修行ごっこあそびのなかで、いろいろな運動に親しんできたこの年の四歳児クラスは、夏休み明けには運動会を意識して、そのなかから鉄棒にとりくむことになりました。ところが鉄棒の練習をしてみたところ、ゆかりちゃんは「ヘビとブタの丸焼き」しかできず、「足抜きまわりならできるよね、一回やってみようか」という保育者の誘いかけにも、「いやー、こわいからやりたくない」と拒否するのでした。その後、練習のときに何回誘っても、ヘビを見せてくれても足抜きや尻抜きまわりをやろうという気持ちにはなりません。しかし、保育者は、ほかの子がみんな「こうもり」ともう一つの連続技をしていくようになるなかで、ゆかりちゃんは本当にこれでいいのだろうかと、悩みはじめます。運動会が数日後に迫ったある日、連絡ノートにゆかりちゃんのおかあさんは次のように書いてくれました。

「おかあさん、ゆかりちゃん、運動会で、こうもりやらなくてもいい？　ブタの丸焼きでもいい？」と聞いてきます。母は「ゆかりが自信もってできることだったら、それをがんばってやってくれればいいよ」と言いました。ゆかりのなかにすごくプレッシャーになっているのだなと感じています。

このノートを読んだ保育者は、保育園では「できるようになりたい」とはひとことも言わなかったけれど、本当はみんなみたいに「こうもり」ができないことでとてもつらい思いをしていいただろうし、できなくても平気ではなかったのだ、ということがはっきりとわかりました。そして、次の日から、ゆかりちゃんと特別の時間をつくって「へビ」から「ブタの丸焼き」への連続技や、足抜きまわりの練習を始めます。ゆかりちゃん自身も、夕方の時間に、保育者やお迎えに来たおかあさんに「見ちゃあダメ！」と言いながら、自分でも練習します。そして、一回できたら「ゆかりちゃん、できたよー！　ねえ見て！　できたよ！」と保育者に声をかけてきました。保育者の前で一生懸命何度も何度も足抜きまわりをやり、とうとう落ちないでできるようになりました。

いったんできるようになったゆかりちゃんは、保育園を休む予定だった日も、「せっかくできるようになったのに、練習しないと忘れちゃう」と言って、保育園にやって来ます。そして、運動会のあとは、「こうもり」でからだをふることまでアッという間にできるようになってしまったのでした。

鉄棒以外でも、ゆかりちゃんは変化していきました。縄とびを自分でずうっとやって跳べるようになってしまうなど、集中してできるようになる姿を見せてくれたのです（大橋美由紀「一人ひとりが自信をつけていくために」、ほしざき保育園、一九九四）。

このように、四歳児は自分から「やれるようになりたい」という意欲が出てきたときには、それまでの姿からは見ちがえるようながんばりを見せてくれます。

何が彼らをそこまで駆り立てるのでしょうか。

ゆかりちゃんの場合は、直接の引き金は、保育者が「きっとやれるから、練習しよう」と、やや強く誘ったことでした。しかし、このような誘いをする前に、潜在的には「やれるようになりたい」気持ちをもっていたことはたしかです。保育者はその気持ちをおかあさんのノートから読みとったので、やや強く誘ったのでした。

「みんなのようにやりたい！」と感じたときや、年長組の子どもたちがやっているのを見て感動したときなどに、「やれるようになりたい！」という気持ちがかきたてられるように思われます。

私たちも、自転車に乗れなかったころ、友だちや大きな子が自転車に乗って遊ぶ姿を見て、「ああなりたい！」と強く思ったことはないでしょうか？　自動車の免許をもっていなかったころ、「車に乗れたらどんなにいいだろう」と感じたことはなかったでしょうか？「パソコンを自由に使いこなせたら…」「英語を自由に話すことができたら…」。私たち自身、あこがれる気持ちをもっています。

まわりが見え、自分が見えてくる四歳児には、「ぼくもああいうふうになりたい」というあこがれが生まれてくる。その気持ちが四歳児を駆り立てるのではないでしょうか。

「がんばれ」だけの保育が望ましくないのは言うまでもありません。しかし、あこがれをもってがんばる力は大切にしたいと思います。それは、子どもたちが自分を育てる力であるからだけではなく、子どもが自分を大切にし、自分を信頼する気持ちだからです。「パソコンを自由に使いこなせたら…」「英語を自由に話すことができたら…」というあこがれが私たちを駆り立てないとしたら、「勉強してもむだだろうな…」というあきらめがどこかにあるからです。あこがれに向かってがんばる四歳児には、そのようなあきらめがありません。「がんばればできる」という自分への信頼があり、できることによって自分への信頼と自信がいっそう大きく生み出されていくでしょう。

しかし、そのためには、いくつかの条件があります。むずかしすぎる課題ではなくちょっとがんばればできる課題が示されること、その課題の魅力が十分に子どもに伝わること、保育者の指導が「がんばれ」だけではなくて具体的であり、それによって「できそうだ」という感触が子どもたちにわきあがってくること、集団のなかでとりくむときには、「できなくても笑われない」「みんながぼくを応援してくれている」という集団への信頼があること、そして、がんばりたくなる時期や活動が一人ひとりちがうので、そのタイミングに応じた指導がなされること、などです。

このような条件のもとで、四歳児は「がんばったらできた」という実績を積み重ね、三歳児のようにひとりよがりではなく、たしかな裏づけのある誇りを育てていきます。

四歳児の認識

たしかな認識能力の育ちが始まる

❶…事実に教えられて自らを育てる力

…ことばで理解できる喜び

次にあげるのは、息子のトモオが四歳九か月のときのエピソードです。

園に行く途中、篠田さんのお母さんと会いました。赤ちゃんがベビーカーに乗っています。

私（ベビーカーを指さしながら）「新しそうですね」

篠田さん「デパートで買って来たばかりなの」

篠田さんと別れてから――

トモオ「あの赤ちゃんも、デパートで売っていたんだねー」
私「…」
数日前、実家の犬をデパートで買ってきたという話のついでに、「トモくんも赤ちゃんのときデパートで買ってきたんだよ」とからかっていたのでした。そのときは半信半疑だったようですが、右の話で「やっぱり…」と思ったようです。

「あなたもデパートで買って来た」などというからかいはあまりやってはいけないのでしょうが、「あの赤ちゃんも、デパートで売っていたんだねー」という言い方が明るく感心したようなトーンだったのでひと安心でした。

前節で、ことばで想像する力やことばで理解する力がついてくるけれども、ことばによって思い浮かべることはまだ十分明確でもないし必ずしも正しいわけでもないと指摘しました。不たしかだけれどことばを事実で少しずつ確かめようとし、事実で確かめるけれどもまだ不たしか…そのくりかえしのなかから、たしかなことばを少しずつ四歳児は獲得していくようです。

四歳児の生活には、確かめの会話がたくさん出てきます。

「山へ登ろう」と出かけたのに、いっぱい歩いても坂道ばかり。「どこからが山なのさ!」とけげんそうに怒ったこともあります。絵本のようにぽっかりと盛り上がって「ここからが山」という区切りのあるものを想像していたのかもしれません。

「蜜柑山」という地名のところへ遠足に出かけた子どもたちが、「やっぱりミカンはなかった！」とがっかりして帰って来ました。「蜜柑山」という地名を聞いてミカンがいっぱいなっている山を思い浮かべていたのに、じつは期待はずれだったのでしょう。

四歳児の毎日は、ことばを自覚的に使い、事実と照合していく日々なのかもしれません。自覚的に、意識的に、経験を積みあげていく毎日だと言ってもよいでしょう。日々の経験が、スポンジが水を吸い込むように、四歳児に賢さとして吸収されていきます。やがて、ことばで説明されたことが胸落ちして、「分かった、そうだったのか！」と納得して感動する姿を見せるようになります。

保育園の水道で手を洗っている四歳児に、次のような話をしたことがあります。

「水道のお水は、どこから来るか知ってる？　水道管はね、ここから地面の下に行って、それから、あそこの道路の下を通って水道局につながっているんだよ。お水は、あの道路の下を通って、園庭の下を通って、それから壁のなかを通って、この蛇口から出て来るの」。

窓から見える道路を指さして説明する私のことばを聞いていた四歳児は、「そうだったのか！」と感動したようです。おかあさんがお迎えに来たとき、彼は飛んで行って、「ねっね、水道のお水はどこから来るか知ってる？　あのね…」と、得意そうに説明していました。

自転車をじっと見ていた四歳児が、「分かった！」と大きな声を出したことがあります。

ペダルをこぐとチェーンが回り、チェーンの動きが車輪につながって動くんだと気がついて、「どうして自転車が動くのか分かった！」という感動をもったのでした。

「明日はずーっと来ないよ。だって、明日が今日になったら明日じゃなくなるでしょ。だから、明日はいつまで待っても来ない」と、哲学者のような発見をすることもあります。

「考えることば」が理解する力や説明する力に結びついてくる四歳児。四歳児はさまざまなことを吸収していく可能性を秘めた時代であり、分かることが喜びと感動をもたらし、感動が「もっと分かりたい」という意欲を引き出しはじめる時代です。四歳児以降、事実を目の前にして、ことばで会話をしながら発見していく経験は、宝石のように貴重です。

⁝行為じたいを意識する

自分をふりかえりはじめる四歳児の特徴は、考えつつ行動することによって、能力の育ちに結びついていきます。一方では、自分の行為のプロセスを自覚的な認識の対象にすることによって、他方では自分の行為を事実や手本と照合することによって、子どもの動作や認識はたしかさを獲得していきます。あるいは、事実と照合できる認識能力が成長してきたからこそ、「ふりかえりはじめる」という四歳児の基本的な特徴が生まれてきたのかもしれません。

私たちは何らかの活動をするときに自分の一つひとつの行為を点検して、うまくいかないときにはやり直しをしたり工夫をしたりしながら目的に到達しようとします。このような自己点検の働きを、自分の行為を監視するという意味で、モニタリングと言うことがあります。

モニタリングは主として学齢期に発達しますが、四歳〜六歳のあいだにも、それに関わる力が急速に伸びていくようです。

たとえば、幼児期の記憶について、岩田純一さんは、スミルノフの次のような研究を紹介しています。ナイフ、ボール、スプーンなどの事物が描かれている一五枚の図版を見せて、幼児にそれを覚えるように指示をすると、覚え方には生活年齢の四歳と五歳とのあいだで大きなちがいがあると言います。しっかり記憶するためには、覚えたかどうかを自己点検して、まだ覚えていない図版やあやふやな図版については重点的に覚えようとする工夫が必要とされます。四歳の子どもでは、このような点検と工夫は指示されてはじめて行えるのですが、五歳になると覚えようとする意図や自己点検が見られたり、図版どうしを意味的に結びつけて覚えようとする努力も見られるそうです（岩田純一「ことばの獲得と発達」、岩田純一他『発達心理学』、有斐閣、一九九二）。

右にあげた例は記憶に関する研究ですから、おおげさに「自分の行為の監視とコントロール」などと言わずに、「記憶の発達」と言ってしまってもよいかもしれません。しかし、生活年齢五歳前後に自分の行為を認識の対象としはじめる姿は、活動の広範な分野に見られるように思うのです。

旧ソビエトの心理学者であるルリアは、あらかじめ目的や段取りを考え、計画どおりに行えているかどうかを点検しながら行動する力をことばの重要な働きであると考えて、「言語の行動調整機能」と名づけました。彼は主に手の動作について研究したのですが、四歳半～五歳ごろに行為の自覚的なコントロールが成立すると述べています（ルリア、松野豊訳『人間の脳と心理過程』、金子書房、一九七六）。

生活のなかでも、自分の行為を自覚し調整する姿は、きりがないほど見つかります。「ぬりえ」は幼児の絵画教育としては望ましい教材ではないかもしれませんが、五歳前後から子どもたちは線にこだわり、線からはみ出さない注意深さをもってぬりえに関わりはじめます。迷路に関心をもちはじめるのもこのころからです。ぬりえや迷路では、ペンを持つ自分の手の動きをそのつど監視して、自覚的に調整することが必要とされます。この時期にぬりえや迷路に関心をもちはじめるということは、手の動きを自覚して意図どおりにコントロールできるようになる可能性が開かれるからだと考えられます。しゃべる行為を自覚して発音を意識できるから、「あのつくものはなーに？」というようなことばあそびも可能になってきます。

三歳児期のように気持ちの盛り上がりでからだが動くのではなく、四歳児期に自分のからだの動きを自覚して意識的にコントロールする力が育ちはじめることは、「技」の世界が開かれていくことでもあります。縄とびや天狗下駄、コマといった、技術を必要とするあそびが、しだいに子どもたちのものになっていきます。

他方、自分の行為を自覚することと表裏一体の関係にありますが、手本に合わせて自分の動きを点検することも始まります。四歳児の後半になると、大人に教えてもらわなくても、折り紙の本を参考にして、自分でいろいろな折り紙に挑戦する子どもが出てきます。本に書かれてあるイラストと自分で折った形とがちがっていると、「どこがちがったのかな?」と考え、何回も一心にやり直して、大人をビックリさせるような折り紙をつくる子もいます。昆虫が好きな子は、昆虫図鑑を参考にして、飼育のしかたに精通していくこともあります。

四歳児クラスの後半には、「コマの名人」「昆虫博士」「折り紙の名人」と言われる子どもがどのクラスにも出てきます。それは、自分の行為を自覚し、手本と照合することによって、たしかな力をつけてきた結果だと考えられるでしょう。三歳児期のようにひとりよがりで満足するのではなく、自分をふりかえって行動する四歳児は、「事実に教えられて自らを育てていく力」を身につけはじめたのだと言えるのではないでしょうか。

∴工夫と創造のはじまり

行為の結果ではなくて行為じたいに目が向くこと、そして、行為を手本に合わせて点検していく四歳児は、行為のしかたを変えることによってちがった結果が引き出されることに、しだいに気づいていきます。「やり方を変えたらどうなるか?」という探求的な気持ちが芽生えるわけで、それが工夫や創造の可能性を開いていきます。

ある四歳児クラスの七月に、折り紙でペープサートをつくる活動がありました。保育者が見本におばけのペープサートをつくって見せたら、子どもたちは自分もやりたい、と次つぎに活動に参加してきました。そうすけくんは「先生、ぼくの見て! ドラえもんおばけ~」と言って、顔の部分をドラえもんにしたおばけをつくって持って来ました。かれんちゃんは「おばけって、口とか目とか大きいんだよね。でも、かれんのはやさしいおばけなんだあ」と言って、かわいらしいおばけをつくりました。

結果としてできたかどうかだけではなくて、途中でいろいろな変更を加えていくことによって、ちがったものができあがっていく。また、ちがったものをつくっていくことができる。そういう工夫が、始まっています。

四歳児クラスの二月には、さら粉づくりのあそびで次のようなやりとりもありました。

保育者「このさら粉、すごく白いね。触ってもいい?」

まほ「いいよ。」

なごみ「すっごいさらさらだよ。」と嬉しそう。

保育者「わあ！　ほんとだ。すっごいさらさら。きもちいいねえ。どうしたらこんなに上手にできるの？」
なごみ「最初に白い砂を集めるんだよ。」
保育者「どこの白い砂？」
まほ「みんなが靴ぬぐところとか…。」
なごみ「木の家のところにもいっぱいあるよね。」二人で顔を見あわせている。
保育者「白い砂、集めたらどうするの？」
なごみ「小さい穴のふるいに白い砂を入れる。」
保育者「ふるいに入れたら？」
なごみ「ふるいの横を手でトントンてやると、さら粉が落ちてくるよ。」
まほ「おかあさんがケーキ作る時に使う穴の小さいやつがあったから、それでやったらこんなにさらさらになったんだよね。」
なごみもうなずいている。
保育者「どれくらいトントンやればいいの？」
まほ「何回も何回もやるんだよ。」
なごみ「ちょっと手がつかれるけどね。」
（安城市立さくの幼稚園「考えたり試したりして、意欲的に遊ぶ子の育成」、二〇〇三）

保育者のことばかけは、「どうしたら?」「どこの?」「どのくらい?」と、手順に気づかせる問いかけになっていますが、二人の子どもは自分たちの行為のプロセスをしっかり自覚していて、りっぱに答えています。いろいろなふるいで試したことや、いろいろな場所の砂で試したこと、手が疲れるほど何度もトントンしたことなど、子どもなりの工夫が始められていることも分かります。

しかし、まだ工夫は始まったばかりですから、それほど大きな工夫ができるわけではありません。

岩崎希和子さんは凧あそびを紹介するなかで、三歳児クラスでは自分の頭よりも高く凧があがるのがとにかく楽しいが、四歳児クラスでは走ってあげることがおもしろさのポイントとなると述べています(岩崎希和子「三歳児の凧」「四歳児の凧」「五歳児の凧」、秋葉英則他編『幼児のあそび百科』、旬報社、一九九四)。

あがるという「結果」が喜びをもたらす三歳児に対して、四歳児は行為と結果の結びつきを自覚するので、走るという行為を通して自分の力であげることが凧あげのおもしろさになると言えます。ところが、五歳児になれば、風がきれたときにはあいた方の手で糸をつんつんして高度を保つという工夫も見られはじめるのですが、四歳では、風の向きと逆の方へ走ったり、カーブを描いて走ったりしてしまう。工夫が始まっているけれど、「いっぱい走る」というような、単純な工夫になってしまうために、うまくあがらないことがある。そういうときに、保育者の援助が必要になるわけです。

凧あげにおいても、四歳児クラス以降では結果にいたる行為じたいが認識の対象となり、保育者の指導で「高くあげるにはどう動いたらいいか」に気づき、工夫も始まっています。保育者の指導の力点も、行為の自覚と工夫に向けられはじめるし、遊具じたいも、三歳児ではとにかくあがりやすい凧が求められますが、五歳児では工夫をすればぐんぐん高くあがる本格的な凧が選ばれ、四歳ではちょっと工夫すれば高くあがる凧が選ばれることになります。

工夫や創意が始まる四歳児ですが、「ああしてみたら、こうしてみたら」というような発想の豊かさには、いきなり到達しません。「何回も何回もやる」「思いっきり走ってみたら」というような量的な根気強い努力から、工夫の世界に入りはじめるのではないでしょうか。「いっぱい（走る）」「何回も（トントンする）」という単純な見とおしが、四歳児には可能性を知らせるようです。

四歳児の春に泥だんごをつくっていたゆうしくんは、最後のこまかい作業で力が入りすぎてこわれてしまい、ぎゅっと唇をかみしめます。その日、泥だんご名人の先生が園にやって来たので、ゆうしくんは「どうしたらピカピカのができるんですか?」と聞いていました。泥だんご名人が「いっぱい、いっぱいいつくったらできるんだよ」と答えてくれたので、ゆうしくんはぱ～っと笑顔になりました（高羽亮平・鈴木さゆり、既出）。「いっぱい」「何回も」は、工夫の始まった四歳児を、チャレンジと成功に導くことばなのかもしれません。

❷…認識に入り込む人間関係…

自分の行為をふりかえり、事実と照合することによって、四歳児にはたしかな認識能力が育ちはじめると述べてきました。しかし、子どもの認識＝考え方の育ちには、もう一つ別の要因が絡んでいます。それは、人間関係です。

乳児期、子どもたちは何かを発見したり行為をするたびに、必ず大人をふりかえって確認をしてきました。自分の判断や行為が正しいかどうかを、大人の承認によって確かめて、それによって認識力を育ててきたわけです。幼児期になるといちいち大人をふりかえったりはしませんが、ひとまとまりの活動のあとでは、やはり大人に伝えて確認したい気持ちをもっています。さら粉ができた、凧が高くあがった、ピカピカだんごができた。そこまでの一連の活動は、子どもたちは事実と格闘しながら基本的には自分の力で遂行しますが、達成したあとでは成果を大人に示し、大人の評価や共感を得ることによって自分の一連の行為を確認していきます。事実によって学んでいく時代に入りつつも、その学び方でよかったのかどうか、やはり最終的には大人を判断のよりどころとしていることは変わりません。

事実に学び、大人に確認する。これが幼児の認識形成の基本的な形だと言えるでしょう。しかし、人間関係の方にウエイトが大きくなったときに、事実から学ぶという基本形を失わせてしまうことがあるので注意が必要です。

子どもの認識に人間関係が影響を及ぼしているのではないかということを、アメリカの研究者であるシーガルが指摘しています。

スイスの心理学者ピアジェの研究に触発されて、二〇世紀の後半には、幼児の認識能力に関する膨大な研究が発表されました。たくさんの研究が、四歳前後から子どもたちの認識がことばによって導かれ、思考が可能になること、しかし思考のすじみちは、就学前期にはまだ論理的ではないと指摘しています。幼児の非論理性を、ピアジェは「自己中心性」ということばで表現しました。

ところが、二〇世紀末にピアジェに対する批判が相次いで出されるようになり、幼児の思考についても新たな光が当てられようとしています。シーガルの主張もその一つです。シーガルは、幼児に論理的思考が欠けているように見える理由はいろいろあるが、大人との関わりが幼児の思考をミスリードした結果として論理的な判断を誤ることがあると指摘しています（鈴木敦子他訳『子どもは誤解されている』、新曜社、一九九三）。

たとえば、同数のおはじきを二列に並べ、一方の列のおはじきの間隔を広くして列の長さが長く見えるようにすると、幼児は数が同じであるにもかかわらず、長い列のおはじきの方が多いと答えることがあります。これは、ピアジェが幼児の数概念の非論理性を証明しようとして考案したテストでした。これに対してシーガルは、数が同じであるということを幼児は理解しているのだが、分かりきったことを大人が聞くので「どうして聞くのかしら」と不審に思い、「きっとこっちが多いと答えてもらいたいのね」と大人の気持ちを斟酌した結果、「長い列の方が多い」と答えるのだと反論します。

シーガルは、自らの主張を裏づけるいろいろな研究者のデータを援用していますが、果たしてシーガルの主張が正しいのか、ピアジェが正しいのか、まだ結論は出ていません。しかし、幼児が判断をする場合、大人からの方向づけを手がかりにしているということは、おおいにありそうです。

村田道子さんは、次のようなエピソードを紹介しています。

子どもたちとカレーライスを作っている。子どもたちはグループに別れ、どの材料を切ろうか相談している。そこで、いつも話を聞いていないみつる君（四歳）に、今、何をするのかを尋ねてみた。

保育者「みつる君は、なにきるの？」

みつる「ながそで」
保育者「なんでそんなこと言うの？　今そんな話してないよ。みつる君は、なにきるの？」
みつる「きょうは　はんそで　きてこなかった」

保育者は、「ああ、やっぱり、話なんか聞いていないいんだ」と思った。みつる君に聞く前からそう決めつけていた。だから、みつる君が「切る」と「着る」の勘違いをしたのだと分かるまでに少し時間がかかった。その後、保育者は、みつる君に分かるようにもう一度質問した。「みつる君、今日グループで何きるの？」。みつる君は「たまねぎ」と答えた。

三か月ほど前の初夏のころ、みつる君のおかあさんが「今日も半袖着ないんですよ、全く」とこぼしていた。半袖を着るように何度もお母さんからさそわれたのではなかったろうか。だから、「なにきるの？」と聞かれたとき、三か月前のことを思い出してしまったのだ。半袖を着るように叱られたとき、みつる君にはいろいろな葛藤があったのではないだろうか。（今井和子・村田道子編『おひしゃまだっこしてきたの』、アリス館、一九九六）

カレーライスをつくるという今の「事実」と、半袖を着るように何度も指摘されてきた人間関係。みつるくんの気持ちのなかでは、両者が葛藤を起こしています。みつるくんに四歳児らしい認識能力が育ちはじめていたとしても、みつるくんはさまざまな人間関係のなかで生きていますから、その場その場で、育ってきた認識能力を十全な形で発揮できるとはかぎりません。子どもにかぎらず、それが人間というものではないでしょうか。

右の例は、ある場面の一つのエピソードにすぎませんし、みつるくんの葛藤を理解する保育者がいてくれたので、おおげさにとりあげるほどの問題状況ではありません。しかし、人間関係の圧力が強すぎたとき、子どもたちは事実と向かい合わず、人間関係をうまくやり過ごす方向に「認識」を育ててしまうことがあるので、注意が必要です。

ある保育園の五歳児。ひどいいたずらをしたので保育者に叱られました。彼はワーッと激しく泣き「ごめんなさい。もう、しません！」とあやまりました。深く反省しているようだったので、保育者は叱るのを終了して、その場を立ち去りました。そのあとで、彼はけろっと泣きやみ、友だちにこう言ったのです。「な、泣けば許してもらえるだろう？」

自分が行ったいたずらが事実としてはどうであったのかに認識が向かず、どうすれば保育者の「叱り」をかわせるかという方に意識が向いています。これでは本当に自分を育てることにはなりません。

保育者の出方を知るということも、認識の成長の一つの表れであると言えば言えます。しかし、このような認識能力の「成長」は、人格の成長とは逆方向の「成長」なのではないでしょうか。

事実と出合いながら認識能力を育てる四歳児。だからこそ、どのような事実と出合わせていくのかが大切だと考えます。お友だちにかみついた。保育者に叱られる。そして、友だちと保育者にあやまる。それだけでは、事実と向かい合ったことにはならないでしょう。かみつかれたお友だちの腕を見て、どれほどひどい痕が残っているのかに気づかせる。そのお友だちがどれほど痛くて、悲しかったかに気づかせる。そういう事実との出合いこそ、自分の行為の意味を認識し、たしかな育ちに導いていくのだと思います。

人間関係を自覚しはじめるころ

四歳児の人との関わり

❶…大人との関係をふりかえる

…人間関係をふりかえる

ふりかえりはじめる四歳児は、人間関係もまた、ふりかえりはじめます。

大人との関係で言えば、おかあさんやおとうさんと自分との関係を意識したりしたことはなかった、わがままを許してもらえて、手心を加えてもらって、いつも愛されていると、意識することもなく信じていられたのがこれまでの時代でした。しかし、四歳児になると、これまで無意識だったことに目が向けられるようになります。おかあさんやおとうさんの愛情を疑うわけではありませんが、「嫌われたくない」「もっと愛されたい」という気持ちがわいてきて、どうすれば嫌われないか、どうすればもっと好きになってくれるかと気をつかい、愛されるための努力が始まります。

しかし、この点においても、ふりかえりは始まったばかり。おかあさんやおとうさんの気持ちを、いろいろなできごとから察するのはまだむずかしい。おかあさんが心を込めてお弁当をつくってくれたとしても、「お弁当に込められた愛情」を理解するのはむずかしいことでしょう。子どもたちの努力は人間関係においても試行錯誤にならざるを得ません。

海卓子さんは、四歳児の次のようなエピソードを紹介しています。

S一（4歳）は入園以来泣いている友だちを見ると、「泣き虫」「弱虫」といってまつわりつく。保育者は「この子おいすないの」とか「いま押されたのよ」とかいって状況を説明していた。もう1ヵ月以上たって子どもとのつながりもできてきたので、相変わらずまつわりついて「泣き虫」を連発するS一に、

保育者「ウルサイね、先生だって、泣きたい時には泣くわよ」

彼はキョトンと保育者を見上げていた。それから2、3週間後に母の会があり、母親から「うちの子は幼稚園にあがって悪くなったようだ。この頃ちょっとしたことでもすぐ泣く」と訴えられた。そういえば幼稚園でも彼の泣き顔が見られるようになったという。

母親は指を切って血がでても「この子、泣かないわ。つよいね」と親戚の人にも感心さ

れていたと不満気に訴えられました。このキバリ、あとに引けない、泣くにも泣けないという追いつめられた状況が、彼をして「泣き虫」「弱虫」と相手を軽蔑し「自分はツヨイ」と自分自身にいいきかせて耐えていたのでしょう。彼は「泣くことができる」という人間らしさをとり戻し、友だちの泣く気持がわかるという大切なものを得ることができたのです。「人間性を回復したのよ」という保育者のことばに母は「でも、泣いていては問題は解決しませんわ」と反論しました。そのとおりです。けれど、ではどうしたらよいかということは、泣く人の気持がわかった上でのことです。「どうしたの?」と泣いている子にきく。「いすがない」と答える。これらのことは第2段階として取り上げられる問題です。まず、人間らしい、あたりまえの感情を育てていきたいと思いますがどうでしょうか。(海卓子『子どもの危機』、フレーベル館、一九七九)

親との関係をふりかえりはじめた四歳児。しかし、親のちょっとしたそぶりでは、親の愛情を確かめることはできません。手がかりになるのは、明確に表現された親のことばと表情です。S一くんのおかあさんは、「泣かない子が好きだ」とことばに出したことがあったのではないでしょうか。おかあさんに好かれたいと思うS一くんは、「泣かない子」にならなければならなかったわけです。

私自身にも、忸怩たる経験があります。

親の子どもを見る目は、いつも同じではありません。子どものいいところがたくさん見えて「わが子ながらなんてステキな子だろう」と思うときもあれば、子どもの悪いところばかりが目について「なんて情けない子なの?」と落ち込んでしまうときもあります。「ステキな子」と思っているときには笑顔で子どもに接するのですが、「情けない」と感じているときには、子どものちょっとしたミスにも腹が立ったり、叱り方がきつくなったりします。山と谷の波をくりかえしながら親と子はつきあっていくのかもしれません。

長男が小学五年生のころ、私は谷のときになってしまいました。ちょっとしたミスで、激しく息子を叱ることが続きました。自分で「そこまできつく叱らなくても…」と思うのですが、自分で自分を止めることができないのです。私に叱られているあいだ、息子は緊張して直立不動の姿勢をとり、私の顔をじっと見つめていました。「ごめんなさい」と反省のことばが出ないのは、恐怖で声が出ないからでしょう。不思議だったのは、涙を見せないことでした。子どものせいにしてはいけませんが、「ごめんなさい」のことばが出なくても、息子が涙を流したならば、私のことばが心に届いたと思うから叱るのを止められたかもしれません。涙を見せない息子に対して、私は「これだけひどいことを言われても泣かないのは、この子の感受性が乏しいのではないか」と考えて、「だったら、心に届くまで叱らなければ…」と、ますます叱りをエスカレートさせてしまいました。

息子が高校三年生になったとき、もう大人の会話ができると思ったので、思いきって聞いてみました。「トモくんが五年生のころ、おとうさんはすごくきつく叱っていたよね。覚えてる?」と聞くと「うん」。しっかり覚えているようです。「じゃあ、聞きたいんだけど、あのとき、トモくんは一回も泣かなかったよね。それも覚えてる?」「うん。」……

そこで、私はその理由をたずねました。「どうして泣かなかったのか、理由も覚えてる?」

すると、彼はこう言ったのです。

「だって、ぼくが保育園のころ、おとうさんは泣く子は嫌いだって言ったじゃないか」。

記憶に残っているのですから、四歳児か五歳児のころの話だと思います。私が「この子は感受性が乏しいのではないか」とひどい誤解をして叱り方をエスカレートさせていたその最中にも、息子の方では「泣いたらおとうさんに嫌われる」と必死で涙をこらえていた。それを思うとたまらなくなって、「申し訳ない。未熟な親で悪かった」と、あやまってしまいました。「だから、弟には怒らないからね」と言うと、彼は「それは差別じゃない?」などと言いました。

ふりかえりはじめる四歳児は、親と子の人間関係もふりかえりはじめます。しかし、まだ判断するための手がかりをもっていないから、明示的に示されたことばや、親の表情で親の気持ちを判断するしかありません。その結果、オロオロしたり、必要以上にいい子になったり、けなげな努力をしたりするのではないでしょうか。

「やさしい子が好きだよ」「元気に遊ぶ子が好きだよ」というような無理のない要求であ

れば、子どもは親に好かれたいために、自分をその方向に向けて育てていくでしょう。親の気持ちを推し量って子どもが自分を変えていく力は、本来は育つ力であるはずです。

今日、親と子の生活はますます大変になり、疲労がたまったり、仕事が忙しかったりして、親の表情は険しくなりがちです。だからこそ、この時期、親はちょっと無理をしてでも、子どもには笑顔を向けたいと思います。

･･子どもと笑う

梶川真理子さんは、ご自身のお子さんのことばを集めた口頭詩集を何冊も出していらっしゃいます。そのなかに、次のような口頭詩がありました。

母「岳、『がんもどき』って言ってごらん」
がんどもき
「違う。『が、ん、も、ど、き』」
が、ん、の、ぼ、き
「じゃ、『ポップコーン』って言ってごらん」
コップポーン
「じゃ、『としょかん』って言って」

とこちゃん
「レッドバロン」
ロッテバロン
「はーっはっはっはっは
さしすせそって言ってみい」
父「ママ、岳であそぶのはやめなさい」
（梶川真理子『ちぐさとがくのほん2』、一九九五）

この口頭詩をはじめて見たとき、「口のまわらない子どもを笑っていいのか？」と愕然としたことを覚えています。しかし、梶川親子を見ていると、とってもいい関係です。「笑っていいのか？」と感じた私の方がまちがっていると考え直してみると、この口頭詩の笑いは、子どもをあざ笑っているのではなくて、子どもを楽しんでいるんだということ、そして、その笑顔は、子どもには「自分の言ったことがウケた」と感じられることなんだと思い当たりました。

梶川さんの口頭詩に教えられたことを、私もさっそく次男の子育てで実践してみました。子どもがおもしろいことを言ったら、ケラケラと心おきなく笑ってしまうのです。次男はとてもうれしそうでした。私はＲＶＲという車に乗っていたのですが、息子は「アールブイアール」と発音できなくて、「アーブルイアール」と言ってしまいます。そのたびにいっしょになってケラケラと笑いました。

ところがある日、「なつくん、ＲＶＲと言って」と私がリクエストすると、彼は「アールブイアール」と正確に発音できてしまいました。そのとき、彼は「あれ、しまった。言えてしまった！」とあわてた表情をしました。そして、もう一度、まちがった発音をしようとするのですが、悲しいことに、一度回ってしまった口は、元に戻りませんでした。

子どものおどけやおもしろい行動をいっしょになって笑うこと。それは、子どもに愛情を伝えるとてもよいチャンネルなのかもしれません。子どもを育てるとは、とても大切で真剣な営みです。しかし、真剣さがむき出しになってしまうと、親も子も苦しくなってしまうのではないでしょうか。子どものあどけないしぐさ、思わず笑ってしまう行動の数かず。「ゆとり」を生み出す「しかけ」が、もともと子育てには備わっているのかもしれません。

❷…友だちとの関係をきずく努力――…

…友だちとの関係をきずこうとする試行錯誤のはじまり

ふりかえりはじめる四歳児は、友だちとの関係もまた、ふりかえりはじめます。「ぼくには仲よしがいるかな」とふりかえり、なかまのなかでの自分の位置を確保しようという努力が始まるのが四歳児です。「ぼく、〇〇ちゃんと結婚したい」というような結婚話がこのころにはやるのも、人間関係そのものに目が向きはじめたからだと理解できます。

しかし、友だちとの関係についてもまた、意識しはじめたばかり。どのようにふるまえば友だちとの関係ができるのかが十分に理解できていないために、試行錯誤的な努力が始まります。

オモチャを園に持っていって、友だちに見せることによって友だちとの人間関係をきずこうとする努力も、その一つでしょう。

息子のトモオにも、こんなことがありました。ある日、保育園に送って行ったとき、どうしても病院に行かなければならない状況が生じて、「今日は保育園をお休みしよう」と車をUターンさせたことがありました。そのときトモオは、「あれ？　いつの間にかポケットにこんなものが入っていた」と、ポケットからキンケシ（キン肉マン消しゴム）をとり出しました。親にかくれてキンケシを持って行こうとしたのですが、保育園を休むことになったのでかくしている必要はないと考えて、とり出したようです。あたかも「いつの間にか入っていた」という風を装ったのは、本当のことが親にばれたらとりあげられると思ったからでしょう。保育園にオモチャを持って行ってはいけないと知っているのに、こっそりと運び込もうとしたわけです。大人にかくれてまでオモチャを運び、友だちにオモチャを見せることによって、友だちとの関係をきずこうとする幼い努力が示されています。

友だちを求める気持ちは、「どうして？」と思える行動をとらせることがあります。

三人の仲よしが砂場で遊んでいました。四人目の友だちが「入れて」とやって来ると、三人は口をそろえていっせいに「ダメ！」と拒否し、そのあとでお互いに顔を見合わせて、「ダメだよねー」と確認し合いました。なかまに入れることに何の支障もないのに、あえて四人目を拒否することによって、自分たちの三人のきずなを確かめ、強めようとしているように見えます。

「ボス」のようにふるまう子と、「子分」のようにふるまう子ができやすいのも、この年齢からです。

Aくんが友だちに向かって石を投げたことがありました。さいわい友だちには当たらなかったのですが、危険なので保育者が「どうして石なんか投げたの？」と指摘すると、「だって、Bくんが投げろと言ったから…」と言い訳をします。Bくんはボスのようにふるまって、友だちを意のままに動かそうとするところがあります。Aくんも、Bくんに命じられてやったのでしょう。

「そうか、あなたは本当は石を投げたくなかったんだけど、Bくんに言われたから投げちゃったんだね」と保育者に受け止められると、Aくんは目にいっぱい涙をためて、「うん、うん」とうなずきました。「これからは先生が見ているから、Bくんに石を投げろと言われても投げなくていいからね。先生が、そんなこと言っちゃダメってBくんに言っておくから」と保育者が言うと、Aくんは反省して納得したように立ち去りました。

しかし、翌日、Bくんに命令されると、Aくんは、また友だちに石を投げてしまったのです。

なぜ、保育者の言い聞かせが、Aくんには届かなかったのでしょうか。

それは、保育者は大人であって、友だちではないからです。AくんもBくんも、友だち関係のなかに「自分の居場所」を確保したいのですが、どうすればなかまになれるか十分に分からないので、試行錯誤しているのだと言えるでしょう。Bくんは、「なかまになるということは、自分の命令を聞くことだ」と勘ちがいし、Aくんは、「なかまになるとは、Bくんの命令に従うことだ」と勘ちがいしている。勘ちがいしながら試行錯誤をして、なかまをつくり、友だちのなかで居場所をきずこうとしているから、Aくんは、内心はいやだったとしても、率先してBくんの「子分」としてふるまおうとするわけです。

他方、判断基準をもちはじめているけれどもまだ柔軟な見方ができないという四歳児のきゅうくつさは、友だちに対する見方にも当てはまります。友だちのことを「すごい」と思ったら、それはものすごく自分とはちがった「すごさ」として感じられることでしょう。すごさは、ときには「あこがれ」となり、ときには「こわさ」として子どもには感じられます。「あこがれ」の場合には、その友だちを自分たちの「隊長」や「監督」として誇りに思い、その友だちのなかまに入りたいために、「子分」のようにふるまおうとします。「こわさ」の場合には、その友だちに逆らわず、その友だちの「身内」になることによって安定的な居場所を確保しようとし、その場合もまた、「子分」のようにふるまうことになります。

このように、四歳児は、友だちとの関係を自覚しはじめ、友だちとの関係をつくろうとする努力が始まるけれども、その方策が十分に理解できないために、ときには不自由な上下関係のなかに自ら入り込んでしまうことがあります。その力はとても強いので、保育者が叱ったりするだけでは簡単には改善されません。子どもたちの人間関係じたいを組みかえる指導や援助が必要になるし、その指導が成果をあげるためには、かなり長い時間がかかることもあります。

理解しておきたいのは、自ら率先して「子分」のようにふるまっている子どもがいたとしても、その子にとって、「子分」という立場は決して居心地のいい場所ではないということです。

∴友だちを認める力、認められる喜び

友だちとの関係を自覚し、幼いながらも関係をきずこうと努力しはじめる四歳児には、他方で、友だちを理解する力も少しずつ育ちはじめています。ふりかえりはじめる四歳児

は、さまざまな困難にぶつかったときの苦しかった自分や、楽しいことをしたときのうれしかった自分をふりかえり、それを自覚することによって、友だちの同じような姿を見たとき、友だちのなかに、自分と同じ感情のあることを読みとることができるようになっていきます。自分の経験を鏡にして、そこに友だちの姿を映すことによって、友だちの内面の理解が始まると言えるでしょう。それは、友だちを理解し、受け入れる力を育てていきます。

こすもす保育園の鈴木さゆりさんと高羽亮平さんは、そのような四歳児の姿を実践記録のなかにたくさん描き出しているので、一つのエピソードを紹介しましょう。

一月のある日、前日から約束していた氷オニを園庭でやることになりました。オニをやりたい子どもたちは「オニ決めジャンケンポン！」で決めます。りょうた君は一、二回戦ともオニをやろうとジャンケンに参加をしましたが、勝てずにいました。二回目のオニ決めの後、りょうた君が「三回目は、りょうたオニやりたいよ」と言ったので「ジャンケン勝てるといいね」と保育士は伝えました。

三回目のオニ決めでもりょうた君は負けてしまいました。ゆうし君が「ねえ、りょうた泣いてるよ」と教えてくれました。話を聞きに行くと「だってオニやりたいんだもん」と大泣きしながら話します。

りょうた君の気持ちをみんなにも伝えたいと思い、オニ決めを中断してみんなに相談することにしました。

保「ちょっとみんなに聞いてほしいことがあるんだけど、りょうた君ね、今日の氷オニで一回目からずっとオニやりたいと思って、オニ決めジャンケンしてたんだけど、全部負けちゃったんだ。そのことが悔しくて今、泣いていたんだって。みんなどう思う?」

はるか「りょうた、そんなに泣いちゃうぐらいオニやりたかったんだ。はーちゃんはいいよ」

ゆうと「三回目はオニ三人でやるから一人はりょうたでいいんじゃねえ?」

他の子どもたちも次々に「りょうた、いいよー!」と言ってくれる。

保「りょうた君、みんなオニやってもいいってよ。どうする? オニやる?」

りょうた「やる!」

ゆうし君は「俺もすごいオニやりたかったことがあったけど、涙は出なかったな…」と自分の過去の体験と重ね合わせながらりょうた君の気持ちを考えてくれる姿がありました。

(高羽亮平・鈴木さゆり、既出)

ゆうしくんがみごとに洞察しているように、子どもたちは、自分の過去の経験を思い起こして、友だちの気持ちに思いをはせています。

このようなエピソードは、多くの四歳児クラスで見られるのではないでしょうか。今野広子さんも四歳児クラスの三月に、次のようなステキな子どもどうしの関わりがあったと記しています。

ちょっとしたことで園長先生にしかられて、自分の気持ちをもてあましたAくんは、散歩に出ると誰とも手をつながないで、ひとりで走っていってしまいます。しかし、少し行ったところでみんながくるのを待っていました。みんなが「アー、Aくん行っちゃったよ」と言うので、保育者はAくんの収まらない気持ちのことを話し、それでもちゃんとみんなが来るのを待っているから大丈夫だよ、と伝えました。それを聞いたN子ちゃんは、「Aくんも、自分の気持ち、考えているんじゃない」と大人っぽく言います。S子ちゃんは、Aくんに追いついたときに「Aくん、行こう」と優しく手を差しだし、Aくんは、その手を取ってつないで歩き出したのです。昼食の時に保育者が「優しい声だったね、やっぱり、今日で五歳だね」とS子ちゃんのことを話すと、TくんもS子ちゃんのことを見ていて、「あとね、Hがころんだときにも優しくしていたんだよ」と発言しました。みんなもいい雰囲気でした。（今野広子「仲間の関わりの中で育つ」、仙台保育問題研究会『みやぎの保育』第五号、一九九九）

叱られて気持ちがくずれてしまったAくん。その気持ちを理解するN子ちゃんや、理解したからこそやさしく手を差し出すS子ちゃんの姿が印象的です。

S子ちゃんたちも、揺れる気持ちのなかで四歳児期を過ごしてきました。前年の運動会で緊張して泣いてしまったクラスメートのUくんは、四歳児の運動会を前にして、「Uは泣かない、大縄とびやりたい」と、毎日、けなげに保育者に言ってきました。そのことを聞いたS子ちゃんたちも、以前の自分をふりかえって、自分を見つめ直す機会になったと、今野さんは記しています。

自覚的に生きている四歳児だから、自分のさまざまな経験を自覚することができる。そして、その経験と友だちの今の状態とを照らし合わせることによって、友だちの気持ちを意識し、友だちにやさしくしたり、友だちを認めて受け入れることもできはじめます。

∴友だちに認められる喜び

友だちの気持ちが分かるという力を、少しずつではありますが、育てはじめていた四歳児。それは、友だちを認めることができはじめることを意味しています。そして、友だちに認められ、受け入れられたときは、友だちと自分の関係を自覚して関係づくりを模索しはじめている時期だからこそ、喜びはとても大きなものとなり、子どもたちの気持ちをはればれとさせていきます。

もういちど、高羽亮平さんと鈴木さゆりさんの実践記録を引用してみます。

二月三日。生活発表会の劇の練習をしようとホールにいったとたん、ひろし君はホール中を駆け回り、みんながジャンプの練習をしようとイスに座ってもなかなかそこに来ようとはしませんでした。

ひろし君に聞きに行くと「オレは劇はやらない！」と言います。「えっ？　こんな土壇場に…」。保育士も焦って「どうしよう困ったな…」。

「どうしてやりたくないの？」と聞いても「立ってると疲れるから」「じゃあジャンプした後に座ってるってことにしたらどう？」と言っても「そういうことじゃない」。

こういう時どうやって子どもの気持ちを乗せてあげられるのか保育士も頭を抱えます。

ひろし君の話を聞こうと、ホールから出てゆっくり部屋で話すことにしました。

部屋で保育士と話していても「やりたくないんだわ」で話はいっこうに進まずにいました。

そこにひなこちゃんがやってきて

「ひろしはさ～赤がよかったんじゃない？　赤い忍者。だってずっとそうやって言ってたじゃん。だからやりたくないんだよ」

その言葉に「そうなの？」と聞くと「うんうん」とうなずくひろしでした。

本当にそうかな…。よくわからない保育士。

次の日はお祝い会のリハーサルでした。赤いはちまき（とりあえず）をして腰に刀をさして出番を待っていました。本当にやるのかな…。「ひろし君、これでやるの？」と聞くと「うん」。リハーサルはかっこよくジャンプを決めていました。

やると決めたひろし君は当日も赤はちまきのままかっこよくジャンプを決め、無事忍者の役をやりこなしていました。（高羽亮平・鈴木さゆり、既出）

この場面だけを見ると、ひろしくんは赤い忍者をやりたくてストライキを起こしていたように理解されますが、実際にはそうではありませんでした。なぜならば、ひなこちゃんがやってくる前に、保育士も「赤の忍者がいいの？」と聞いていたからです。そのとき、ひろしくんは「そういう理由ではない」と否定していたのです。

結局、ひろしくんがなぜ「やりたくない」と言ったのかの理由は分かりませんでした。生活発表会のときにお客さんの前で劇を演じる緊張感が、尻込みさせていたのかもしれません。しかし、理由はともかく、ひなこちゃんのひとことが、ひろしくんを前向きにさせて、やる気を駆り立てたのは事実です。ひなこちゃんが言ったことばの内容にではなくて、ひなこちゃんが自分を理解しようとしてくれたということが、ひろしくんの気持ちを立て直したのではないでしょうか。

友だちの励ましがとても大きな支えになることは、四歳児を見ているとよく伝わってきます。友だちを求めるときだからこそ、友だちに理解され、受け入れてもらった喜びがことさら大きく感じられるのです。

友だちとの関係を自覚して、関係づくりの努力が始まる四歳児。だからこそ、お互いに理解し合い、認め合える関係をつくっていきたいものです。

第3章

五歳児クラスの子どもたち

五歳児の認識

思いをめぐらせる五歳児

❶まだまだ未熟な五歳児の認識

複数の判断を結びつけるむずかしさ

第一章と第二章では、三歳児と四歳児の発達を、「イッチョマエの三歳児」、「ふりかえりはじめる四歳児」という、それぞれ一つのキーワードを手がかりにして説明してきました。同じように五歳児を一つのキーワードで表すとしたら、「思いをめぐらせる五歳児」ということになると私は考えます。そこで、「自我」から始めた第一章、第二章とは順番を逆にして、第三章では認識の問題から入っていきたいと思います。

五歳児は園の最年長であり、なんでも分かっているようですが、五歳児のはじめはそれほど認識能力が育っているわけではありません。

私は入学してきた保育学生たちに、自分の幼児期をふりかえって、印象に残っていることを語ってもらうようにしています。それが楽しいことであれば、自分が保育者になったときに、同じような楽しさを子どもに提供できる保育者になれるし、悲しいことであれば、自分が保育者になったときには子どもたちに同じような悲しい思いをさせないようにできるから、子どもの目から見た園生活を思い出すことから授業を始めます。

その話し合いのなかで、ある学生が次のように語ってくれました。

私は年長組の時、とっても恥ずかしい経験をしました。今思えば大したことはないのですが、おさな心にショックだったので、今まで人には話したことがありませんでした。それは、保育室の中でおもらしをしてしまったことです。

絵を描く時間でした。担任の先生が「描き終わるまで、席を立ってはいけません」と言いました。私はまじめに先生の言いつけを守ろうとしたのですが、描いているうちにオシッコがしたくなりました。「オシッコしてきます」と言ってトイレに行けばいいようなものですが、「描き終わるまでは席を立ってはいけない」という先生の言いつけも守らなければなりません。どうしよう、と悩んでいるうちに、すわったままおもらしをしてしまったんです。とっても恥ずかしくて、今でもその時の気持ちが忘れられません。（菊地もとみさん

の報告による）

単純なエピソードです。外から見たら、「バカだなあ、なんでトイレに行かなかったの？」と思われることでしょう。しかし、それをできないことがあるのが幼児です。

彼女には、「おしっこがしたくなったら、トイレに行かなくてはいけない」という判断はありました。また、他方で「絵を描き終わるまでは席を立ってはいけない」という判断もありました。二つの判断が矛盾したとき、どちらを優先すべきか、それが分からなかったわけです。

第一章で、生活年齢の四歳前後に言語的な認識能力が生まれはじめると書きました。「お腹がすいたらどうする？」「眠くなったらどうする？」という質問に、四歳を迎えた子どもたちは答えることができます。しかし、それで本当に「考える力」が育ちはじめたと言えるでしょうか。一つひとつの判断ができただけでは、実際に生きていくうえで不十分です。右の例のように、今起こっている事態に対して複数の判断を結びつけ、それらを総合して結論を導いたときに、はじめて「考える力」が「賢く生きる力」として発揮されるはずです。

五歳児のはじめは、複数の判断を結びつけて結論を導くことが意外にむずかしいことを、菊地さんの経験は示しています。

古い本になりますが、東京大学（当時）の東洋さんが、論理性が誕生する以前の幼児の思考の特徴を示すおもしろい例をあげているので、引用してみましょう。

あるとき私はひとりの五歳の男の子に水を入れたコップと穴のあいた五〇円玉とをみせてつぎのようにきいてみた。

「このお金をこの水のなかに入れたら、浮くかい、沈むかい。」

「沈むよ。」

「どうして沈むと思う。」

(しばらく五〇円玉をみつめて考えてから)「穴があいているからさ。」

そこで私は今度は穴のあいていない五〇円玉をとり出してみた(引用者注――当時は穴のあいていない五〇円玉があった)。そしてきいた。

「それでは、このお金をこのコップのなかに入れたら浮くかい、沈むかい。」

「沈むよ。」

「どうして沈むと思う。」

(またお金をみてしばらく考えてから)「穴があいていないからさ。」

そこで私は彼にきいてみた。

「さっき君は穴があいているから沈むといって、今度は穴があいてないから沈むといったのはおかしいじゃないか。」

するとこどもはたいへん不服そうに、

「だって、ほんとうに沈むんだよ。ぼく、知っているんだよ。それではみせてやろうか。」といいざま、おいてあった二つのお金をコップの水の中にほうりこんで二つとも沈むところをさして、

「ほらね、沈むでしょう。」と得意な顔をした。（相良守次編『学習と思考』、大日本図書、一九六九）

大人から見れば、「穴があいていれば沈む」という判断は、「穴があいていないならば沈むとはかぎらない」という逆の判断を暗黙のうちに含んでいます。ところが、右の五歳児は、「穴があいていれば沈む」「穴があいていないならば沈む」という二つの判断を、「変だな」という実感なく両立させてしまっています。

この例からも、一つひとつの判断はできても、複数の判断を矛盾なくつなぎ合わせることが意外にむずかしいことが読みとれます。

二〇世紀の発達心理学の巨匠であったピアジェが研究したのは、幼児のこのような「考え方の未熟さ」でした。ある判断と別の判断とが逆の関係にあるのか、同じ関係にあるのかを判断して、複数の判断を矛盾なく結びつけて一つの結論を導くことができたとき、ピアジェは論理的な考え方が成立したと見なしました。そして、幼児期はそのような論理性が獲得されていないために、特定の判断を優先してしまって、結果的には正解にたどり着

くことがむずかしいと指摘し、それを「自己中心性」と呼んだのです。

ケンカをしたときに、保育者は「お友だちをぶつのはいいこと？　悪いこと？」と質問し、子どもから「悪いこと」という結論を引き出そうとすることがあります。

保育者「そうだよね。お友だちをぶつのは悪いことだよね。じゃあ、どうしたらいい？」

子ども「ごめん、って言う」

保育者「じゃあ、ちゃんとあやまろうか」…

このようなやりとりは、四～五歳児にはむずかしくありません。一つの問いかけに一つの判断で答えることは可能だからです。しかし、すでに成立している「友だちをたたくのは悪い」という判断を口に出して言わせたところで、新しい発見はないし、反省の気持ちも、どうしたらよかったのかという成長もありません。

友だちをたたくのは悪いことだと知っていた。でも、たたいてしまったのは、別の理由があったからだ。でも、やっぱりたたいたのは悪かった。では、どうしたらよかったのか…と、いくつもの判断を連ねてよりよい結論を導くことができたときに考えることの意味が出てきますし、子どもたちは知的にも人間的にも成長していけるのではないでしょうか。

…一般化して理解するむずかしさ

五歳児といえども考える力はまだ十分に育っていないという例を、もうしばらく続けます。

大橋美由紀さんは、一二月の生活発表会で、ストーリーが単純でわかりやすく、おもしろい劇をつくろうとして、「かにむかし」を題材に選びました。練習のとき、子どもたちが物語をどのていど理解しているのかを確かめるために、いくつかの質問しました。問いと子どもたちの返答とを記してみましょう。

質問「サルはどうしてうすにやられたの？」
まいこ「カニが柿の種自分で育てたのに、サルが来てうそついて赤いのじゃなくて青い柿投げたから。」
あきこ「うすがどーんと乗ったからやられた。」
みさと「サルはカニに悪いことしたから。カニが育てたのに自分だけ食べて、青いの投げたから。」
あずさ「カニが育てた柿の実をサルが勝手に食べたから。」
しょうへい「サルさ、留守の時にさ、カニがどっかにかくれて仕返ししようと思って栗が知らないうちにはねてさ…。サルが知らないうちにかくれたから。」
じゅんや「バチがあたったんだわ。」
みずき「みんなで力を合わせたからやっつけられたんだ。」

ふみや「カニに青い柿をぶつけたから。」
あきら「ウソついて木にのぼって、ウソついて柿食べたから。青い柿なげたからバチがあたったんだ。」
ひろたか「青いの投げた。」
たくや「サルがうしのふんふんづけてすべったからやられた。」
（大橋美由紀「クラス集団の高まりと子ども同士のつながり」、愛知県小規模保育所連合会主任会編『仲間の中で育ちあう5歳児保育の一年』、一九九九）

「サルはどうしてうすにやられたの？」という質問は漠然としているので、どの子の答えもまちがいとは言えません。しかし、物語世界を理解するために大橋さんが期待した答えは、「サルがカニに悪いことをしたからみんなにやっつけられた」という回答だったでしょう。子どもたちの多くは、表現の仕方は未熟ですが、正解に近い回答をしています。しかし、「うすがどーんと乗ったからやられた」「栗が知らないうちにはねた」という回答もあります。二つの回答は、物語の流れ全体を理解して答えたというよりも、「サルがやられた」というできごとを直前のできごととだけ結びつけて答えているわけで、物語の流れ＝一つひとつのできごとのつながりが、まだ十分には把握されていないことを示しています。五歳児においても、総合する力は全員のものになっていません。

名古屋のこすもす保育園ではじめて五歳児を担当した伊藤シゲ子さんは、四月に子どもたちがたて続けに隣の家にもぐり込んで、そこの作物を「盗んで」きてしまうことにショックを受けたことがありました。はじめは夏みかんでした。保育者の態勢が手薄になった長時間保育の夕方、五歳児たちがフェンスを乗り越えて隣の庭に入り込み、木になっていた夏みかんをとってきてしまったのです。それを見つけた保育者は子どもたちを集め、さっそく話し合いをしました。「よその家のだよ」と言うと子どもの方から「どろぼう」「そんなことしていかんよ」「あやまりに行く」と発言が出たので、隣の家へあやまりに行って来ました。ところが数日後、また同じ子どもたちが、今度は隣の庭に生えていた竹の子をとって来てしまうのです（伊藤シゲ子「〝ほんとのかぶら〟をめざして」、愛知県保育問題研究会『あしたの子ども』、第八七号、一九九〇）。

「夏みかんどろぼう」のときにたしかにきちんと話し合いをしたはずだったし、子どもたちも納得したように見えました。それなのに、なぜ数日後には同じまちがいをしでかしてしまったのでしょうか。

いちど話し合いをして子どもたちも「もうやらない」と言ったのに、また同じいたずらをしてしまう。そういうとき、保育者は「話し合いをしてもだめだった。どうすればいいの？」と途方に暮れてしまいます。「口先だけだ。誠意が感じられない」と感じてしまうと、「こんな子どもを一年間愛していけるだろうか」という落ち込みを感じてしまうことさえあります。しかし、ちょっと待って。子どもの態度や姿勢の問題として考えて不信感を抱いてしまう前に、子どもの認識の未熟さとして理解できないでしょうか。

「みかんをとるのは悪いことだ」ということばを、大人であれば「どのようなものであれ、他人のものを盗むのは悪いことだ」と一般化して受け止めます。しかし、五歳児はみかんに限定した話題として受け止めたのかもしれません。竹の子をとろうとしたとき、みかん事件のことが子どもの頭を一瞬よぎったかもしれませんが、まったく同じことだという認識にまでは到達せずに盗みを実行してしまったかもしれないのです。

実際、「五歳児になったのに、どうしてこんなことをしてしまうの?」と保育者に感じさせるいたずらは、けっこうあるものです。

みんなで植えたばかりの球根をほじくり返してしまう、散歩に行ったら生け垣に向かって「連れション」をしてしまう、お墓の墓石を倒してしまう、小学校に見学に行ったら、スキンヘッドの校長先生の頭をみんなでさわりに行く…。これらは五歳児の年度前半のいたずらの例ですが、「分かっているはずなのに、どうしてそんなことをしてしまうの?」と情けなくなってしまうようないたずらです。

複数の判断やさまざまなできごとを総合して一つの結論を導くむずかしさ。一つの判断を一般化して他に当てはめていくむずかしさ。五歳児の保育は、そのような未熟さをかかえたところからの出発なのだと理解した方が、むしろ子どもの現実にしっかりと切り結んだ保育ができるのではないかと思います。

❷…五歳児の認識の到達点

…思いをめぐらせる子どもたち

前項であげた「夏みかんどろぼう」のエピソードに直面した保育者の伊藤シゲ子さんは、「子どもにとっては、みかんはみかん、竹の子ではないのではないか。みかんのことを話せば竹の子のこともわかるはずだと決めつけずに、一つひとつのできごとを受け止めながら、子ども自身の頭で考え、納得し、みんなで確かめ合っていこう」と考え直して、たしかな「考える力」を育てることを目標にして、一年間の保育を展開しました。具体的な実践内容の紹介は次節にゆずり、ここでは、「夏みかんどろぼう」や「竹の子どろぼう」をくりかえした子どもたちが五歳児の最後にはどのような子どもに育ったのかを紹介しましょう。

二月の生活発表会で「大工と鬼ろく」の劇をご披露する前日、すてきな生活発表会にするためのかぶら組の約束を決めました。

保母が「どんなところに注意したらいい？　どんな約束をするとすてきな生活発表会に

なるんだろうね」と聞くと、健太が「シゲ子（保母の名）ノ言ウコトヲキク」と言います。

保母「えっ、何でも言うこと聞くの？　嬉しいな。飯くれーって言ったらー？」

子「イヤダー」

保母「どうしたらすてきな大工と鬼ろくになるんだろうね」

奈々子「ハーイ、フザケナイ」

さき「ハーイ、ニンジン（組）ヤ、ダイコン（組）ノ時モ前ニ出ナイ」

「寝ッコロガラナイ」「自分ノ番ノ時ハ前へ出テイク（観客にお尻を見せないこと）」「チャントオ話ヲスル」「自分ノ番ガコナイ時ハ、アソンジャイケナイ」「自分ノヤルコトヲ守ル」

等々、今まで言われたことすべてと思われるほど、次から次へと出てきました。

保母「えっ、いっぱいあるね。こんなに守れる？」と聞きはじめると、奈々子、康洋はもう小指を出して指切りをはじめようとします。すると、
要「俺、マダ約束シトラン。ソンナ、守レン」…。

そこで、もう一度「約束というのは守るためにつくるんだよね」と確認。そして、ふざけない、大きな声でいう、ちゃんと座ってみる、の三つだけを決めました。

当日。「スリルノ大工ト鬼ロク」だったそうですが、「大工ト鬼ロクノ劇ハ要ガ鍵ダ」とみんなにいわれ、約束づくりにしっかりかかわった要の表情が満足感で生き生きしていました。保母は知らなかったのですが、劇が終わるや、はるかちゃんの母さんに「上手ダッ

タ？」と聞きに行った要だったそうです（要の両親は仕事の都合で来れず）。

「かぶらの大工と鬼ろく」というように、自分たちの劇だと主体的にとりくんでほしいと思ってきましたが、この要の言葉は、自分なりにこの劇の約束を受けとめ、一生懸命とりくんだ姿だったのではないでしょうか。仲間とともにやる中で、自分が見えてくる姿が、ひいては自分を律する姿になっていくのではと評価しました。（伊藤シゲ子、既出）

要くんの「おれ、まだ約束しとらん。そんな、守れん」という発言に注目したいと思います。約一〇か月前は、「夏みかんをとったらいけない」と約束した一週間後には竹の子をとってきてしまった子どもたち。「夏みかんをとったらいけない」ということばが、それだけのものとして理解され、「竹の子」までは思いを広げることができなかった子どもたちです。しかし、二月になった要くんの「おれ、まだ約束しとらん」ということばはどうでしょうか。約束したらどうなるかということに思いをはせ、思いをめぐらせて、その結果「この約束は自分には守れなさそうだ」という結論に到達したからこそ出たことばです。「約束を守るのがいい子」という紋切り型の「一つの判断」を越えて、さまざまなことに思いをめぐらせて結論を導く知的な力がみごとに発揮されています。このような考え方こそ、賢く生きる力としての考える力なのではないでしょうか。

要くんと憲児くんは、たまたま私と同じマンションに住んでいました。彼らが小学一年生になったときの姿を、私はありありと思い浮かべることができます。廃品回収で、小学生がたくさん集まって、近所の家いえから古新聞や古雑誌を集めてきます。上級生の三〜四年生はタラタラと動いていたのですが、要くんと憲児くんの動きはちがいました。「どこに集めるの？」「ぼくはどこの家に行くの？」と、あらかじめことばで確認して、自覚的に動くのです。上級生の動きとこの二人の鮮やかな動きとのちがいが強く印象に残り、伊藤さんの実践に身近で接していた私は、一年間の保育の成果がこのようなところからもうかがえるなあ、と感心したのでした。

ことばが現実としっかり結びつき、思いめぐらせる力を獲得して、それが生きる力として結実していく。すべての面でそうなるには五歳児は幼すぎますが、少なくともその片鱗を見せはじめるのが、五歳児の到達点なのではないかと思います。

∴ことばを使って考える力を育てるとは

どうしたら思いをめぐらせる力が育つのでしょうか。

五歳児の認識能力の基礎には、「事実と照合しながら考える」という四歳以来の考え方の一定の成熟があると考えられます。

奥山靖子さんは、五歳児クラスの春、「おくちゃん（保育者のこと）は、じろうくんのことをすごいって言うけど、じろうくんは他の保母さんのときにはできないんだよ。それでもすごいの?」「ルールはみんなで決めようって言ったのに、どうしてとみくんばっかり決めるの」という、納得できない不満があるために気持ちがすっきりしない子どもがいたことを紹介しています(こすもす保育園「1993年度I期のまとめ」)。

事実に基づいて考える経験を四歳児期以来積み重ねてきた結果として、五歳児のはじめには、事実に基づいて、自分なりの意見や主張を始める子どもが出てきます。事実を集め、事実と事実とを関係づけ、すじみちのようなものをつくり出して、自分の主張をつくり出しています。

園児の父親の一人がクリスマス会でサンタクロースに扮装して出演したことがありました。三歳児や四歳児はサンタクロースの出現に感動して握手ぜめにするのですが、五歳児たちはサンタクロースの正体探しを始めました。「誰のおとうさん?」と質問する子どもたちにサンタが「私はサンタクロースだ」と答えると、「おかしい! サンタならどうして日本語をしゃべれるの?」「えーと、ここにいない男の人は○○ちゃんのおとうさんだ。あなたは○○ちゃんのおとうさんでしょう」「○○ちゃんのおとうさんじゃないんだったら、○○ちゃんのおとうさんを連れて来て。ほら、いないでしょう。だからあなたは○○ちゃんのおとうさんだ!」…というように論理を展開して、サンタを論破していきます。

五歳児クラスの子どもたちは、ときどき大人を手こずらせるほど、ああ言えばこう言って、理屈を並べて人をからかったりすることがありますが、そういうところにも、複数の判断を結びつけて結論を導こうとする考える力の育ち、論理性のほとばしりを読みとることができるのではないでしょうか。

　これまでの経験や事実を思い起こして、それらをつなぎ合わせて結論に結びつけていく。事実や判断を結びつける働きをするのはことばです。ことばによって過去を呼び起こし、経験を結びつけていくわけですから。豊かな経験を積み、経験をたくさん呼び起こし、それらをことばで結びつけていくプロセスをつくり出すことができたら、五歳児の認識を育てていくことができるのではないでしょうか。

　三たび、伊藤シゲ子さんの実践を引用させてもらいます。「夏みかんどろぼう」を行った子どもたちにたしかな考える力をつけようとしてとりくんだ保育の一コマです。


　史也くんが友だちに手を出してしまうのでどうしたらいいだろうか、という話し合いの場面。

「どうする？　どうしたら史也はわかると思う？」と聞くと、非難ごうごうの子どもたち。それを聞いていても以前のようにカッとせず、じっと聞いている史也です。

保母「ねえ、みんなは暴力ふるったりしたことはない？」

　すると、名乗りでてきたのは、けんじと奈々子。

保母「どうして暴力ふるったの？」と聞くと、懺悔のはじまりかのように、奈々子は状況を説明しているうちに泣きだし、泣きながらも「ホントウハネ、ナナコハネ、靴カクシテナイノニネ、靴カクシタッテイッテネ…（みんなが責めるし、とうとうたたいた）」と報告してくれました。

保母「そう、くやしくって、たたいちゃったんだね。みんなもそういうことある？」

と聞くと、ウン…。

保母「そうだね。シゲ子（保母の名）さんもななちゃんみたいな気持ちになったことあるよ。昨日大樹兄ちゃんがね…（と、わが家の息子の失敗をついどなりつけてしまって、今とってもくやんでいる。ちゃんと話を聞けばよかったな…って）」と話すと、みんな真剣。

保母「人間って、そうして時々まちがいもするけど、いかんかったなーと思えるから素敵なんだよ」と伝え、「でもまちがわないようにするにはどうしたらいいと思う？」と聞くと、「口デイウ」「暴力ヲフルワナイ」など、出てくるので、そのことを文章にして、コーナーに貼りました。でもまちがえてやることだってあるかもね、と、「まちがえて」をいれて、カードにして貼りました。（伊藤シゲ子、既出）

「暴力はいけない」という結論を急がず、「みんなは暴力ふるったりしたことはない？」と問いかけて、自分たちの過去をふりかえらせていることに注目したいと思います。「思いをめぐらす」という活動をうながしたことに他なりません。そして、「友だちをぶつのはいけない」という紋切り型の「一つの判断」ではなくて、「暴力をふるいたくなることがある」「でも、暴力をふるうのはやっぱりいけない」「そういうときにはどうするか」というような、複数の判断を結びつけた結論を導いています。ことばのうえだけの結論ではなくて、子どもたちの過去経験と結びつくがゆえに胸落ちする結論ともなって、子どもを変えていく力を発揮していくことでしょう。

結論を急ぐのではなくて、思いをめぐらせる経験を保障していくこと、そのためには過去の経験に思いをはせて今を考えること。そうすることによって、たしかな五歳児の認識が育っていくのではないでしょうか。

伊藤さんの実践は、過去の経験を呼び起こして今を考える大切さを教えてくれました。他方、今の経験が将来に生きるためには、経験したことをあとで活用できる形で、子どもの心に残しておくことも必要です。そのためには、一つひとつの活動をやりっぱなしにしないで、感想ていどの短い会話でもよいからことばを使って今の経験を整理し、自覚的な記憶として子どものなかに残すことが必要となります。

散歩に行って子どもたちを自由に遊ばせ、時間になったら「帰るよ」と言うだけの、ことばを使わない保育は、せっかくの楽しいあそびを子どもの成長のために生かしきれません。そういう保育は、動きまわるけれど熟考できない、がさつなクラス集団をつくってしまいます。他方、あそびが終わったあとで、「今日は何が楽しかった?」「○○ちゃんがこんなことをしてね…」と子どもたちと会話をするだけで、遊ぶときは活発だけれど、集中するときには落ち着いて考えることのできる子どもたちを育てることを、私は何度か見てきました。

感想を述べ合うだけの会話であっても、ことばによってあそびは自覚された経験に変わり、あとで思いをめぐらせるときの大切な素材となって子どもの心にしまわれていくのだと考えられます。

∴話し合いの活動を導く

以上、豊かな経験と、経験を思い起こして関連づけることばとが、五歳児の認識を成長させるためには重要だと述べてきました。とりわけ、「話し合い」は、子どもの知的な力を成長させるためにはきわめて重要な活動ではないかと私は考えています。そこで、ちょっと脇道にそれ、「話し合い」がいつごろから可能になるのか、幼児期の話し合いとはどのようなものかを考えてみたいと思います。

子どもと大人が以前のできごとを会話する「思い出話」であれば二歳児クラスの子どもたちには十分可能ですし、それは、子どもたちに「自分は理解されている」という安心感をもたらすためにも重要なことです（神田英雄『伝わる心がめばえるころ』参照）。また、第一章で述べたように、三歳児クラスの子どもたちは、おやつや給食のときなどに雑談が活発になり、お互いの家庭のことまでよく知り合うようになります。しかし、一定のテーマを決めて、みんなの意見を集約する「話し合い」となると、まだこの時期にはむずかしいと思われます。

これまでの実践を総合してみると、小グループでの話し合いは、四歳児クラスから少しずつ可能になるようです。しかし、それぞれが自分の思いを語ってお互いの意見を調整し合う話し合いができるまでには、一定の経験が必要です。

松生和子さんは実践を通して四歳児の話し合い活動の可能性を探っていますが、年度はじめの四歳児の話し合いは次のようでした。

四つのグループを好きな子どうしで分けました。

保育者「みんなで相談してグループの名前を決めてね」

〈Aグループ〉

子ども「決まった、リンゴ。先生リンゴになったよ」

保育者「どうやって決めたの?」

子ども「ボクが決めたの」

保育者「みんな『いいよ』って言った?」

子ども「……」

保育者「相談って言うのはね、『ボク、リンゴがいいと思うんだけどいい？』って聞かなきゃ、みんなもリンゴでよかったら『いいよ』って言うんだよ、それが相談って言うんだよ」

〈Bグループ〉

シーンとしています。

保育者「相談って言うのはね。自分の思っているグループにつけたい名前をお友だちに『私はみかんグループにしたいけどいい？』って聞くんだよ。よかったら『いいよ』って言って、いやだったら『いやだ、私はぶどうがいい』って自分のつけたい名前をみんなに言って、『どうする？』って決めるのが相談って言うんだよ」

〈Cグループ〉

保育者「どうしたの？」

子ども1「ボク、バナナがいいんだもん」

子ども2「だけど私とあゆちゃんはいちごがいいんだもん」

子ども1「ボクはバナナがいい！」

保育者「どうしてバナナがいいのかお友だちに話してあげなきゃ『バナナ』って言ってるだけじゃ分からないんだよ。いちごもどうしていちごがいいのかみんなに話さなきゃ。そしてどうするか自分で考えて決めるのが相談って言うんだよ」

（松生和子「四歳児の集団づくり——話し合いを通して——」、名古屋保育問題研究会「名古屋

保育問題研究」第一九号、一九九三）

四歳児のはじめは、まだまだ「みんなで決める」ということが十分に分からないのかもしれません。しかし、少しずつ話し合いの経験を積んでいくうちに、四歳児の末になると、かなりの話し合いが可能になります。

中村貴子さんは、四歳児クラスの後半に、次のような話し合い活動ができたと報告しています。

朝の会で。

「10がつ25にちもくようび」と黒板に書き確認すると、「せんせい、今日おさんぽどこにいくの?!」と正子ちゃん。（みんなで決めようと思っていた保母、よくぞ気がついた!!）

「そうねえ、みんなどこへ行きたい？」と聞くと、それぞれに大声で候補場所をあげる子どもたち。

「おばさまこうえん」（回転遊具がある）

「かめのいこうえん」（やまのすべりだいがある）

「でっちょいけ」（いけに鯉がいる）

あげられた3カ所のなかから人数の多いところへいこうと考える浅はかな保母。そう簡単には決められないだろうに…。予想通り…

でっちょ池派が三分の二、亀ノ井公園派が三分の一。

でっちょ池派が「かめたろう（以前飼っていた亀）に会えるかもしれないよ～！」「たんけんもできるし」「どんぐりだってたくさんあるよね」などと亀ノ井公園派を誘う。2人の保母もでっちょ池派。誘いの言葉に多くの子どもがでっちょ池派に。（ここで決定し出発できると思っていたが…）

ところが、

「どうしても亀の井公園がいい！」と言い張るゆうくん、りえちゃん、くるみちゃん。がんとして譲ろうという気配なし。やはりそれには理由があるだろうと、3人の意見を聞くことにした。

ゆう「やまのうえから、ゆうのいえがみえるから。」

りえ「このまえたきぎとりにいったとき、あそばなかったからいきたい！」

くるみ「くーちゃんも、りえちゃんとおなじ。」

たきぎとりにいった時は、たきぎあつめにいっしょうけんめい。確かにあの山のすべり台もしなかった！　そんな思いが他の子どもたちにも共感できたのでしょう。「そうだね、亀の井公園にいこう！」「デッチョ池はこんどいけばいいもん」

そんなわけで、みんなが納得して亀の井公園行きを決定。

そうと決まれば…亀の井公園でどんなあそびをしようかとイメージの広がること――。

「ダンボールもっていかなきゃあー」

「かまきりのえさとってこよォー」

などと、ダンボール、虫かごなどの準備をして、出発――。

（中村貴子「しろくまだより」三六号、名東保育園、一九九〇）

お散歩の三つの候補地のなかから一つを選ぶ三者択一の話し合いですから、多数決という安易な決着のしかたもあったと考えられます。しかし、中村さんは子どもたちの主張の理由を聞き出すことによって、水掛け論ではない、説得し合う話し合いを実現させています。

この実践がすばらしいと思うのは、子どもたちに「話し合い」の意味を経験を通して知らせていることです。りえちゃんとくるみちゃんは、最初は少数派でした。しかし、自分の発言で友だちを説得することによって、クラス全員の意見を変え自分の意見に賛同してもらうことに成功しています。話し合いをすることによって、みんなの意見を変えることができる。そして、自分の要求をみんなといっしょに実現していくことができる。そういう話し合いの意味を、りえちゃんとくるみちゃんは体験を通して理解できたのではないでしょうか。

二人の説得が功を奏したのは、「この前たきぎとりに行ったとき、遊ばなかった」というみんなの体験を呼び起こすことができたからです。ここにおいても、ことばと過去経験の結びつきが非常に重要なポイントになっていることが分かります。

幼児期の話し合いとは、結論を急ぐことではありません。結論を出すだけならば、多数決ですませてしまえばよいのですから。結論を出す前に思いをめぐらせること、考えることを子どもたちに経験させることにこそ、話し合いの意味があります。そして、思いをめぐらせるためには、過去の経験を呼びさますことが意味をもちます。

過去経験ではなくて「意見」を考えさせると、思いをめぐらせることはむずかしくなってしまいます。

ある五歳児クラスで運動会の種目を何にするかという話し合いをしました。クラスの人数は一〇人と少なくて、落ち着いて考えることのできる子どもたちが集まっていたのですが、保育者が「みんな、何がいいかよく考えてね」と問いかけると、しばらく、しーんとしてしまいました。数分後、一人の子どもが顔をあげて、困ったように「先生、えらい…」と言ったのです。「えらい」とは、名古屋弁で「しんどい」「むずかしい」という意味です。先生に問われて一生懸命考えたのだけれど、何も浮かばない。どうしたらいいのか分からなくなってしまったのでしょう。

意見を求められると、思いが止まってしまうことがある。しかし、経験を聞かれれば、さまざまな思いを浮かべることができます。「運動会で何をしようか?」と意見を聞く前に、「去年の運動会のことを覚えている?」と経験をたずねたならば、子どもたちの思いはめぐりはじめたはずです。「意見を聞く前に経験を聞こう」。これは幼児の話し合いを導くための、一つのキーワードかもしれません。

幼児期の話し合い活動を行うさいに、もう一つ大切な配慮点があります。先に述べたように、五歳児といえども、一つひとつの判断を全体との関係で総合することは、まだむずかしいということです。そのために、発言はするけれど、話し合いの目的と外れて、直前の発言やまったくちがった文脈からの発言が出て、話し合いがまとまらなくなってしまうことがあります。

先に引用した「しろくまだより」でも、「山の上から、ゆうの家が見えるから」と発言したゆうくんには、何のための話し合いなのかがまだ見えていませんでした。

小西只剛さんは、五歳児クラスで運動会の種目決めの話し合いをしていたときに、「跳び箱」「竹馬」などの発言にまざって、「コマやりたい」と発言した子どもがいたことを実践記録に記しています。「運動会でコマやるの?」と問いかえしてみたら、運動会ではなく「この日のあそびにやりたいもの」という意味の発言でした(小西只剛「五歳児の劇づくりを通して言語・認識の発達について考える」、どんぐり保育園「まつぼっくり」、第一七号、一九九四)。

総合する力が発達途上にある幼児は、五歳児になったとはいえ、「何に向けて話し合いをしているのか」という意識が抜けてしまうことがある。話し合いの目的が子どもたち一人ひとりに伝わっていないと、話し合いが雑談になったり、おもしろくない活動になってしまうので配慮が必要です。

伊東弘子さんは、劇づくりの大道具である「橋」をどのようにつくったらよいか、子どもたちと話し合いをしました。そのとき、ことばだけのやりとりではイメージの共有がむずかしいと考え、実際に積木を使って橋を組み立てながらどのような橋がふさわしいかを考えていきました。そうすると、子どもたちは一時間一五分も話し合いに集中し、話し合いのあとでは、今まで劇づくりに乗り気でなかった子どもさえもはりきって劇の練習にとりくむようになったと報告しています(伊東弘子「五歳児の言語・認識」、どんぐり保育園「まつぼっくり」、第二八号、一九九五)。実際の積木を使ったのは、一つひとつの意見を理解させやすくしただけではなく、なんのために話し合いをしているのかを子どもに分かりやすく知らせたのではないかと思います。

五歳児といえども、話し合いは簡単ではないので、保育者によるさまざまな配慮が必要です。しかし、四歳児の後半以降、とりわけ五歳児には、話し合い活動は思いをめぐらせるための大切な機会であることに変わりはありません。五歳児ではみんなで協力して行う活動が増えていきますので、実際に活動を進めるうえでも話し合いは大切ですし、一人ひとりの意見をみんなに聞いてもらうという経験は、「みんなに自分が受け入れられている」という集団のなかでの安定感や友だちへの信頼感を育てるうえでも大切です。

豊かな経験と、ことばでそれを自覚しまとめていく活動の双方が、五歳児の認識の成長にはきわめて大切であり、話し合いはその中核をなすものなのではないでしょうか。

❸…ゆとりと創造性が生まれる——…

五歳児は思いをめぐらせることによって、四歳児期の一つの判断で行き止まりになってしまう制約を脱しはじめます。それは、五歳児にゆとりを生み出すことでもあります。

複数の判断を柔軟に組み合わせることができないうちは、「竹馬に乗れるようにならなければならない」と考えると、「とてもできそうに思えない」と思い、逃げ出したり避けたりしてしまうでしょう。「竹馬に乗れるようにならなければ」という判断と、「でも今は始まったばかりだから、すぐには乗れないのがあたりまえ」という判断とが結びつけば、やってみようかな、という気持ちもわいてくるはずです。

乱暴なお友だちがいたとしても、「○○ちゃんはこわいけれど、やさしいときもある」と、二つの判断を総合することができれば、お友だちを一方的にこわがるきゅうくつさからも抜け出していけます。先生に叱られたときも、「叱られる子は悪い子」という判断で頭がいっぱいになってしまわずに、「叱られたけれど、今度から改めればいい」と考えることができるから心から落ち込んでしまうことも少なくなりますし、叱られたときカッとなって逆上する姿も、少しずつですが収まってきます。

五歳児の後半、子どもたちは思いをめぐらせる力を獲得することによって、ゆとりがあるがゆえに頼もしい存在へと育っていきます。

他方、あそびはますます創造的になってきます。

事実と照らし合わせて、活動の過程を認識しはじめた四歳児以降、工夫する力が目ざめはじめていました。しかし、四歳児のころは、「いっぱいつくったらピカピカだんごができる」「何回もふるいでトントンしたらさら粉ができる」というような、単純な工夫でした。量的な工夫であったと言えるかもしれません。それでも、「がんばればきっとできる」という見とおしは、四歳児のやる気を引き出したものです。

しかし、五歳児になると、さまざまな角度からの工夫が付け加えられていきます。しかも、友だちと話し合う力がついていくので、あそびはますます創造的になっていきます。

次にあげるのは、一月の五歳児のやりとりです。

子どもたちが床でハイパーホッケーをしていたのを見た保育者が、ある日、ペットボトルでハイパーホッケー用の玉を作って、机の上にさりげなく置いておきました。それを発見した子どもたちは、自分たちでハイパーホッケーを作り始めました。
りゅうや「ゲームセンターでも机みたいな台でやるんだよね。」
あきら「テレビでもやってるよねー。」
かんた「そうだよね。」
えり「打つのもいるよね。」
みく「うん。」
あきら「玉が入る入れ物ない？」
空き箱の入っている箱の中を探しに行ったみくが、
みく「こんなのがあるけど、どう？」とカップ麺の空容器を見せる。
えり「それ、いい。」
りゅうや「それ使おう。」
かんた「でも、二ついるんだよ。」
りゅうや「もう一つない？」
みく「一つしかない。どうしよう。」
再び空き箱の入っている箱の中をみんなで探す。
かんた「これは？」とゼリーのカップを見せる。
あきら「ちょっと小さいんじゃない？」

かんた「本当だ。入らない。」と玉がカップの中に入るか合わせてみる。
みく「これはどう？」とガムテープの芯を見せる。
えり「それならいいんじゃない？」
りゅうや「あっ入った。」
教師「いいもの見つけたね。みんなで考えて、相談したからだよね。これでゲーム開始だね。」
かんた「まだ。真ん中に線がいるよ。」
教師「どうして？」
かんた「どっちの玉かわからなくなるじゃん。」と、テープで線をつける。
製作においてはやや消極的なかんたであるが、自分からテープを持ってきて作り出した。
みんな「できた！」
じゃんけんをして順番を決め、ハイパーホッケーがはじまりました。
（さくの幼稚園、既出）

子どもたちが相談をして、何が必要かに思いをめぐらせ、自分たちの遊具をつくりだしていっています。
上野真理子さんの実践記録『五歳児のあそび』（旬報社、一九九四）は、一月を迎えた五歳児が、自分たちの発案で次つぎと創造的なあそびをつくり出していく姿をいきいきと描き出しています。たとえばコマあそび。コマを回して遊ぶだけではなくて、離れ島のようにおいた粘土板の上を回っているコマでたどっていく「島渡り」という新しいあそびの発明、両手で二つのコマを同時に回すワザの発明、はては、メロンシャーベットのふたや積木にひもを巻いてなんでもコマのようにくるくると回してしまうあそびまでつくってしまいました。

思いをめぐらせる五歳児の力は、あそびを自分たちで自由につくり出していく創造性も生み出すのだと言えるでしょう。

五歳児の人との関わり

新しい協力関係の育ち

❶…やさしさと甘えと

…他者の気持ちに理解が及ぶ六歳のころ

第二章で、四歳児は大人との人間関係をふりかえりはじめるけれども、大人の気持ちが十分に把握できないために、表現されたことばや表情を手がかりにして、不器用に大人との信頼関係や愛情を探すと述べました。人の気持ちに目を向けながら生きてきたその後の二年間は、他者の気持ちを理解できるという、とても大切な育ちをもたらしていきます。生活年齢で六歳を迎えるころ、子どもたちはかなり的確に相手の気持ちを読みとることができるようになります。

息子のトモオが五歳児クラスのとき、クラスの友だちがお互いの家に泊まりに行くことが流行しました。仲よしの何人かが「今度の木曜日、○○くんの家に泊まりに行きたい」と相談をし、親の了解を得て「合宿」が実現します。合宿の当日は、宿主になる家の親が園にお迎えに行って約束した子どもたち全員を連れて帰ります。そして、一泊した翌日、宿主の親が全員分の連絡ノートを書き、みんなそろって登園をするわけです。

年度もおしつまった二月ごろ、私の家へ息子の三人の友だちが泊まりに来たときの話です。月齢も離れていて、園でもあまりいっしょに遊んでいない功くんが、この日はいっしょに泊まりに来ました。「合宿」を通して友だちの輪が広がるのは大歓迎なのですが、夕方のあそびを見ていると、功くんがいっしょに遊べていないようでした。たとえば、トランプで神経衰弱のあそびをするとき、他の三人は、「まちがえたカードを拾ったときにどうおどけるか」というパフォーマンスを次つぎに提案しては、盛り上がっていました。「ねえね え、今度はこうしたらどう?　『アホや、アホや、アホや～』って、自分の頭をぶつの」「それがいい～」というように提案し合って、ゲラゲラ笑い合っています。

功くんだけ、そのおもしろさが分からないようでした。けれども、他の三人が次つぎに提案するので、彼も提案しないわけにはいきません。功くんは「今度はこうしたら?」と、落ちていたホイッスルを拾ってピ～ッと吹きました。すると、他の三人は「なーんだ、ちっともおもしろくない」と白けてしまうのです。

年長組とはいっても、まだ六歳になったばかり。知らない家にあそびに来て夜が近づいて来るのに友だちと楽しく遊べないとしたら心細いだろうなあと思った私は、夕飯のとき、功くん中心の話題で盛り上げようと考えました。夕食はカレーライスにして、テーブルをロの字型に並べました。子どもたちは「どこの家に行ってもカレーライスだよな」などと言っています。「いただきます」をしたあと、私は、「功くんの仲よしのお友だちは誰だっけ?」と功くんに話を向けました。親友に恵太郎くんがいて、いつも二人で剣道ごっこをやっているのを知っていたので、その話題にしようと思ったのです。そうしたら、功くんが答えるよりも前に泰洋くんが話題を奪って「ねえねえ、ぼくね、このなかに一人だけ好きじゃない人がいる」と割って入ってきました。その「一人」が誰かは明らかだし、それを言わせてしまっては功くんはもっとさびしくなってしまうでしょう。私はあわてて、「分かった、やっちゃんが好きじゃない人はやっちゃんだろう!」と、泰洋くんに話題を返しました。自分が自分を好きではないというのだったら、誰も傷つかないと思ったからです。そのことばを聞いたとき、泰洋くんはハッとした表情をして、「分かった!」と私に目で合図を送ってきました。そして、「そうなの。エヘヘ」と答えたのです。隣に座っていた伸くんは「ぼくね、ここにいる人、みーんな好き!」と、ちゃんとフォローしてくれたのでした。

個人差はあるでしょうが、年長組の終盤になると、子どもたちはここまで人の心の機微に気づくようになります。

人の気持ちを理解できるということは、本当の意味での「やさしさ」、相手の立場に立ったやさしさを発揮できることでもあります。

鹿島和夫編『1年1組せんせいあのね』は、小学校一年生が「あのね帳」という自由帳につづった作文をまとめた本です。そのなかに、次の一編があります。

じぎょうさんかん

みぞがみさえこ

おかあさんはじぎょうさんかんびには
とうとうこなかった
いえへかえっておこったらおかあさんが
「ごめんねあたまいたかったからねとってんごめんね」
といった
わたしはだまってしもうた
「みんなのおかあさんきとったか」
ときいたので
「ううんあんまりきてへんかったで

もとおかくんのおかあさんもたくさんきてへんかったで」
わたしはいっしょうけんめいいうた
（鹿島和夫編『1年1組せんせいあのね』、理論社、一九八一）

頭痛で授業参観へ行けなかったおかあさんは、気がねをしているにちがいない。それをさとったからこそ、さえこちゃんは、たくさんのおかあさんが欠席していたと一生懸命言ったのでしょう。幼児期にはここまでの成長はまだ無理ですが、他者の気持ちが分かりはじめる五歳児の終盤は、このような育ちに向けて確実に一歩を踏み出しています。

❖気持ちを理解できることと嘘

他者の気持ちが理解できはじめると、状況に応じて「相手はこう思うはずだ」という予想がつくようになります。その結果、四歳児期のように、表現されたことばや表情といった乏しい手がかりを頼りにして「親は自分のことを好きかな？　嫌われちゃったかな？」とうかがわなくても、「ぼくのことを嫌っているはずはない、だって、あのときこうしたから…」と推測できるために、精神的に安定した状態を迎えます。こんなところにも、五歳児のゆとりが見られます。

他方、相手の気持ちを把握できることは、相手の裏をかくことができるようになることでもあります。そのため、五歳児の終盤には、巧みな嘘で親をだますことが可能になります。

やや長くなりますが、豊島良樹さんの文章を引用させていただきます。

Ｓの母親がたずねて来た。

「いつもＳにはお心くばりをいただいて、感謝しています」と、母親は園長室に入ると、深々と頭をさげた。母親の雰囲気は、ただの儀礼的な挨拶をこえたものである。

事情を聞いてみた。

きのうＳは、園から帰るとポケットから、乳酸飲料（テレビのコマーシャルにも出てくる、おばさんが配りあるいているあれである）をふたつとりだして「ひとつママにあげる」と言ったのだという。「ぼくきょう、いい子だったので、園長先生が、ご褒美にくださったの」Ｓは言った。母親は感動した。「どうしても一言、この感動を伝えねば」と、わざわざやって来たというわけである。

思いあたる節はなかった。

しかし、簡単に「そんな事実はありませんよ」と言ってしまうことも躊躇される…そんな雰囲気であった。

Ｓを呼んでたずねてみた。Ｓはおびえた目で、園長をみつめた。

真相は、こうだった。

Sは、幼稚園の帰り道、ブロックの塀の上にのっているその小さな瓶をみつけた。だれも見ている人がいなかった。手がのびて瓶をつかんだ。

その場で飲む勇気はなかった。ポケットにおしこんで家に帰った。「どうしたの」と聞かれる前に、機先を制する必要があった。

Sが、ぽつりぽつり語ることを、推測をまじえながらまとめ、組み立ててみると、こんなことになる。(『月刊　芽』、一九八二年三月号、誠文堂新光社)

五歳児から小学校低学年は、嘘をつけるほどに子どもが成長したために、たわいもないけれど巧みな嘘の出やすい年齢だと言えます。

私にも経験があります。息子が小学校一年生になったばかりのころ、土曜日に体操服を持ち帰って洗濯し、月曜日に学校へ持って行くというルールがありました(そのころは土曜日も出校日でした)。ある土曜日、私が「トモくん、体操服を洗うから出しなさい」と言うと、彼は「今週は体育をやらなかったので、洗濯しなくてもいいと先生が言ったから持って来なかった」と言うのです。じつは忘れてきたのですが、巧みな嘘で、自分のミスをカバーしていたのでした。私はすっかりだまされて、「じゃあ、来週は必ず持ち帰るんだよ」と言うだけでした。嘘がばれたのは、三週続けて体操服を忘れ同じ嘘をくりかえしたからですが、そうでなければ、私は嘘に気づかなかったでしょう。

このような嘘は、犯罪やいじめ、非行などには結びつかないたわいもないものです。しかし、嘘をつかれた親は愕然としてしまうのも事実です。五歳児になるとお金への興味も出てくるので、親の知らないうちにズボンのポケットにお金が入っていて、「どうしたの?」と問いつめたら言い訳が嘘だったという場合には、「私の子育てはまちがっていたのではなかろうか」という怖れさえ抱いてしまいます。

足が遅い、絵が上手に描けないという技術的なことならば、急には改善されないでしょう。しかし、嘘をつかないことは心がけ一つでできることです。だから、いったん約束すれば二度と嘘はつかないだろうと親は期待してしまいます。しかし、あまり強く叱りすぎると、子どもの嘘はくりかえされるものです。「嘘をつくのは悪い」という判断よりも、「叱られたらこわい」という恐怖心の方が上まわってしまうので、とっさのときに嘘が出てしまうからです。

「嘘をつくのはいけないことだ」と言い聞かせることは必要です。しかし、必要以上に恐怖心を抱かせてまで叱ることは必要ないでしょう。なぜならば、この時期は嘘が出やすい年齢であり、それは本当のやさしさを発揮することと裏表の関係にあるからです。そして、小学校なかばごろになれば、子どものもう一段の成長が、嘘とのつきあい方を子どもに教えてくれるからです。

❖見守られるなかで自立する

五歳の子どもたちは、自分の意見をもち、ときには大人を批判するようにもなって、少しずつ自立を始めます。しかし、基本的な部分では、いぜんとして「大人に理解されている」という安心感に支えられているのも事実です。

ある保育園に五歳児で転園して来たさとしくんがいました。五歳児集団には、もうさまざまな友だち関係ができあがっているので、彼はなかなか人間関係の輪のなかに入れませんでした。

七月になると、お泊まり会という行事があります。五歳児だけで一晩保育園に泊まり込んで、みんなで夕食をつくったり、花火大会をしたりするお楽しみ企画です。さとしくんを不安にさせたのは、そのなかに「きもだめし」があることでした。二階の保育室に子どもが描いたおばけの絵が貼ってあり、その絵の前に置いてある鈴を持ち帰ってくるだけの単純なきもだめしなのですが、電灯を消してある真っ暗ななかで階段を上っていくのがこわくてしかたがないのです。保育者は、子どもたちが不安そうにしているので、一つの提案をしました。仲よしのお友だちと二〜三人で出かけて行ってもいい、という提案です。誰と誰がいっしょに行くか、子どもたちが希望を出し合いました。そのとき、さとしくんは「一人で行く」と言いました。本当は一人で行くのはこわかったのでしょうが、転園して来たさとしくんには、いっしょに行く「仲よし」がまだ見つかっていなかったのです。

さとしくんの家は、両親が深夜まで働いているので、変則的な二重保育となっていました。夕方、おとうさんかおかあさんが保育園にお迎えに来ますが、家に帰るとベビーシッターさんに預けられ、両親はまた仕事に出かけてしまいます。両親が帰宅するのはさとしくんが寝たあとなので、両親と会話できるのは、忙しい朝か、あわただしいお迎えの時間しかありませんでした。

そういうなかで、不安な気持ちをかかえつつ、お泊まり保育が近づいて来ます。ある日、さとしくんがベビーシッターさんに寝かせつけられていると、その日に限っておかあさんが早く帰って来ました。うつらうつらしていたさとしくんは、玄関の開く音を聞いて「あ、おかあさんだ！」とはね起きて、玄関まで走って行きました。そして、涙をハラハラこぼしながら、「あのね、ぼくね、お泊まり保育（のきもだめしを）、一人でがんばる！」と言ったのです。

おかあさんに「そう、こわくてもがんばってね」と励まされたさとしくんは、お泊まり保育の当日、本当に一人で鈴を持ち帰って来ました。そして、友だちに「さとし、すごい！」と見直されたのでした。

さとしくんがおかあさんに不安を訴えに行ったとき、彼は「お泊まり保育に行きたくない」「きもだめしをやめさせて」とは言いませんでした。五歳児のプライドが、それを許さなかったのだと思われます。求めたのは、「こわいけれど一人でがんばる自分」を知っていてほしいということでした。

二歳児までの乳児期は、子どもは常に大人といっしょにいて、ことあるごとに大人をふりかえり、見守られている安心感のもとで活動してきました。基本的に「三項関係」のなかで生活してきたのが乳児期です。しかし、三歳児以降、子どもは少しずつ「大人といっしょの活動」を抜けはじめます。大人の表情や雰囲気を手がかりにして判断する制約を脱し、ことばで考える力を使って自分の判断で行動できるようになったがゆえに、大人を離れて行動することができはじめます。「はじめてのお使い」ができるのも、このころからでした。大人から離れはじめた分だけ、子どもたちは友だちの中に入って行きます。三歳児後半の「仲よし探し」や四歳児以降の友だちの中での居場所づくりへの努力は大人から自立しはじめた幼児の、もう一つの側面でした。

では、幼児は大人からすっかり自立してしまうのでしょうか？　そんなことはないはずです。一つひとつの行動を大人に見守っていてほしいとは思わないけれど、大人の目の届かないところで自分が行動していることを、大人には知っていてもらいたい。知ってもらっている安心感があるから、勇気をもって活動できる。それが幼児期の基本構造です。

さとしくんがおかあさんに伝えたことばからは、そのような幼児の気持ちを理解することができます。いつもいっしょにいてくれなくてもいいから…、自分の活動は自分で勇気をもって実行するから…。でも、ぼくがそういうふうにがんばっていることは知っていてね…。「あなたのことを知っているよ」という大人のメッセージが、幼児に安心感と勇気とを与え、自立に向けた力を育んでいく。そして、「知っていてくれる」という安心感こそ、「困ったときには泣きついていける」という大人への信頼感であり、大人と子どものきずななのではないでしょうか。このきずなが切れたときには、子どもは大人に頼ろうとしないかわりに、大人の言うことにも耳を傾けない、きずなの断たれた暴走機関車になってしまうのではないかと危惧されます。

❷…理解し合い、協力し合う子どもたち——…

…友だちとの出会い直し

四歳児クラス以来、子どもたちは友だちとの関係をふりかえり、友だち関係のなかに自分の居場所をつくろうとして試行錯誤の努力を続けてきました。その結果、子どもたちのなかに「親分」「子分」のような縦の関係ができることもありました。このような試行錯誤は、五歳児になってもしばらく続くことがあります。

しかし、やがて五歳児の育ちは、非民主的できゅうくつな人間関係を組みかえていく可能性を開いていきます。

可能性をつくっていくのは、まず、四歳児以来、事実との出合いのなかで鍛えてきたそれぞれの子どものワザや知識といった諸能力であり、もう一つは、ものごとを多面的に見られるようになった認識能力の成長です。

第二章で述べたように、四歳児期から、子どもたちはさまざまなワザや知識を身につけていきます。今までただの泣き虫だと思われていた子が、ピカピカだんごをつくるときには、とっても上手なだんごをつくることができる、昆虫の飼育についてすごい知識をもっているというように成長していきます。そのような友だちの姿に接して、自分よりも目下だと思っていた友だちを見直す気持ちが生まれはじめます。今まで従わせていた相手に頼んで、ピカピカだんごのつくり方を教えてもらおうとする姿さえも出はじめます。

他方、「子分」のようにふるまっていた子どもにも、「ボス」の見方の変化がおとずれます。多面的な見方が生じはじめた五歳児は、「こわいと思っていたけど、泣いたときもある」という友だちのとらえ直しが始まるとともに、「自分の意見」をもちはじめるために、「どうして○○ちゃんだけが…」という不満の感情も感じはじめます。その結果、「ボス」に命令をされても、「でも、○○ちゃんと遊ぶ約束をしたから…」と、最初は消極的ですが、服従への抵抗を示しはじめます。こうして、五歳児クラスのなかば以降、子どもたちの人間関係の組み直しが進行していきます。

その過程で、「ボス」のようにふるまっていた子どもが、命令していた相手が自分から離れていくことに抵抗をし、「○○の着ているもの、変なの！」とバカにして、攻撃することによって自分の下にとどめておこうとすることもあります。しかし、それは一時的なもので、「友だちといっしょに遊びたい」という気持ちは、もう一度子どもたちを結びつけ、以前とはちがった関係で、なかま関係を再構築していくことになります。

当然のことですが、四歳児から五歳児の二年間の友だち関係のダイナミックなドラマは画一的なものではありません。子どもたちの個性によっては軋轢もなく民主的な関係がきずかれる場合もあるし、「強い子」の支配が強烈なために五歳児のなかば過ぎになっても、上下関係の組みかえが起きにくいこともあります。また、友だちのなかでの居場所を求めつつ満たされないとき、友だちの持ちものをこっそりかくすとか、友だちのやったことのように見せかけたいたずらをして、友だちが叱られるようにし向けるなどといった、陰湿な行動が見られることもあります。

現象的にはさまざまな経過をたどりますが、友だちとの関係をきずきたいという要求が子どものなかにあり、試行錯誤をくりかえしながら友だちとの関わり方を身につけていくことは共通しています。そして、友だちとの関わりのなかで、どのような関わり方がいやで、どのような関わり方がうれしいのかといった、関わり方に対する理解を習得していきますし、「こわいと思っていた友だちがじつはやさしい面ももっている」「悪い子だと思っていた友だちが、じつは楽しいあそびを知っている」というような友だちの新しい面への気づき、友だちとの出会い直しが進んでいくのがこの時期です。

一人ひとりの多面的な特徴に気づかせ、お互いを認め合えるような形で友だちとの出会い直しができるように導いていくことこそ、この時期の保育者の役割だと言えるでしょう。

:友だちへの感動と信頼感の育ち

四歳以来、自分の行為を自覚して手順を意識できるようになった子どもたちは、「友だちに教える」「アドバイスをする」ということができるようになります。跳び箱を跳ぶときどこに手をついたらよいのか、紙飛行機を飛ばすときには、どこを持ってどちらへ向けて投げたらよいのかなど、手順を自覚できるからこそ、まだできない友だちにアドバイスをすることができるわけです。

五歳児クラスでは、保育者が意図的に教え合いをうながすこともありますが、子どもたちが自発的に教え合う場面もよく見られます。教え合いには、友だちとの関係を深めていく大切な内容が含まれていると私は考えます。それは、教える側にも、教えられる側にも、友だちへの感動を経験させ、友だちを尊重する気持ちと友だちを大切にする気持ちとを育てることです。

具体的な場面をあげてみましょう。

名東保育園の一九九一年度の五歳児クラスでは、運動会で全員が跳び箱五段を跳べるようになろうと練習をくりかえしていました。

子どもたちの意欲を引き出すためには、どの子にも「ぼくにもやれそうだ」という見とおしをもたせることが大切ですから、担任の中村貴子さんは、練習にひと工夫しました。跳び越える五段の跳び箱の手前にもう一つの跳び箱を置き、手前の跳び箱に跳び乗ってから五段の跳び箱を跳び越えるということです。ふつうは、二段、三段と跳び箱を少しずつ高くしていき、最後には五段に到達するという方法がとられるでしょう。しかし、それでは、三段や四段で失敗したときには、その経験がカベになって、「できない」という気持ちにさせてしまうかもしれません。それで、練習のしかたを逆にして、五段の跳び箱の手前に三段の跳び箱を置いて、三段の上から五段を跳ぶようにしたわけです。そうすると、実際には二段の高さしかありませんから、全員が最初から五段を跳ぶことができます。五段の跳び箱をこわがっていた子どもも、「これならかんたんに五だんできたー」「ふわふわあって空とんでるみたい」などと、「できる」という手ごたえを感じることができました。手前の跳び箱は、五段を跳ぶことのできる「魔法の跳び箱」と命名されました。

目標は、魔法の跳び箱の高さを一段ずつ低くしていき、最後には魔法の跳び箱なしでも五段を跳べるところまで到達することです。

子どもたちは、魔法の跳び箱によって、「自分にもきっとできる」という自信をもち、とても意欲的に練習にとりくみました。その結果、ほとんど全員が五段を跳べるようになったのですが、ともこちゃんだけは跳べるようになりませんでした。そして、運動会の前日、友だちに見守られるなかで熱意あふれる練習が始まります。

ともこの熱意が伝わってか、夕方、遅くまでいるひろみ、あずさ、まりこ、まさよの四人がずっとつきっきりでの練習がはじまりました。

あずさ「もっと手を前にした方がいいよ」
まさよ「いまのは、すごくよかったけど、手はここ、ここだよ、そしたらカンペキ」
今までは、必要以上にせまられると、泣けてきたり、ふくれていたともこも、今回はちがいました。とにかく、友だちの励ましのことばに「わかった」「やってみる」と意識をし、何度もトライするのです。「まほうのとび箱」をつけたり、はずしたりして一時間がすぎようとしていた頃、
ひろみ「まほうのとび箱より少しひくい台があるといいね」
保育者「よし、マットを敷いて、その上にふみ切り板をおいてみよう」
あずさ「これなら、まほうのとび箱より少しひくいだけだからね」
ともこ「よし」
ともこは勢いよく走り、とべたのです。
ひろみ「じゃあ、マットをまっすぐにするよ、ともちゃんがんばって」

これまた成功。

まりこ「ともちゃん、これならぜったい五段できるよ」（他の四人もかけよる）

ともこ「うん、やってみる」、ポーン。

「やったー」。本人も、みていたみんなも思わずでた歓声でした。それは夕方、五時のできごと。何度となくくり返し気持ちよく五段のとび箱をとぶともこ。そして、「これならカンペキに五だんいける」「さいごまでがんばったね」「ともちゃん五二回もとんだよ（葉っぱで回数を数えていたまりこ）、すごいね」、などと励ましていた子どもたちはねぎらいのことばをかけていました。（中村貴子「一人ひとりを大切にした集団づくりについて考える」、名古屋保育問題研究会『名古屋保育問題研究』第一九号、一九九三）

教え合うことはそれじたいとしても気持ちのよいものですが、一般的な「教え合いのよさ」というだけで、このエピソードを理解したくないと思います。

「五段を跳びたい」と強い意欲をもっていたともこちゃんの心に、自分につきそってずっと励ましてくれる友だちの姿は、どう映ったでしょうか。あこがれを実現したいとする自分の「夢」を、自分といっしょにかなえようとしてくれる力強い味方として映ったにちがいありません。

他方、友だちの心に、ともこちゃんはどう映ったでしょうか。技術的には、自分たちはともこちゃんよりも先に五段を跳べてしまっています。上手か下手かという形式的、表面的な見方しかできないのであれば、「ともこはできない子」と見えてしまうでしょう。実際、誰かができるようになっても「ぼくなんかずーっと前にできたもんね」と冷ややかに友だちを見つめる五歳児もたくさんいます。しかし、ともこちゃんを援助した子どもたちは、一時間もがんばって練習するともこの姿に感動し、ともこを見直しています。自分の活動を中止してともこちゃんの練習につきそったわけですが、その結果として、「できるかできないか」という表面的な評価を超えて、お互いを認め合う関係がつくり出されています。

本当にやりたいことが見つかって、子どもたちが一心にとりくんでいるとき、「教える」「教えられる」という相互援助の関係は、友だちへの信頼や尊敬を育てていくのではないでしょうか。それは、「なかまのなかの居場所」ということをさらに超えた、強い友だちとのきずなをつくり出し、友だちを大切にする気持ちや、人を信じる気持ちを育てていくのではないかと思います。自分の成長の可能性を確信させ、あこがれややりたい気持ちを高めて、適切な技術指導を行いつつ、友だちを結びつけていく保育者の指導と援助があれば、教え合いのなかで五歳児は友だちに対する感動を経験できるまでに育っていきます。

∴自分たちの行動を自分たちで決める力の育ち

友だちとの関係に関する五歳児の最後の到達点は、自分で自分たちのことを決めて集団的な活動を実行していく組織的な力量の育ちにあると私は考えています。

そのきざしは、秋の運動会が終わったころから見受けられます。それまでは五歳児といえども、仲よしの数人で遊んでいることが多いのですが、運動会が終わったころ、保育者と数人の子どもたちが遊びはじめるとほかの子どもたちが次つぎと「入れて」とやって来るようになります。運動会でおこなわれたリレーなどの集団競技を通して、「みんなで遊ぶとおもしろい」という経験や高揚感が、子どもたちの集団への凝集力を高めさせた結果ではないかと推測されます。

この時期から、陣とりなどのチーム対抗の活動がいっそう楽しさを増していきます。自分と友だちの動きを理解して、手分けしたり役割分担をしたり、作戦を練ったりしながら遊ぶ醍醐味が、以前にも増して子どもたちに強く感じられるようです。しかし、まだまだ子どもたちだけで遊ぶ力は十分ではありません。保育者があそびから抜けると、子どもだけではあそびを続けられなくなり、あそびがおもしろくなくなってバラバラになってしまうことがあります。しかし、集団のあそびへの意欲が高まってきたということは、子どもたちだけで相談をして、役割分担をして、すべての子どもが主体として集団あそびをつくっていく条件ができたということでもあります。この時期の保育者の指導が適切であれば、子どもたちは集団を組織する力を少しずつ身につけていくでしょう。

上野真理子さんの実践記録『五歳児のあそび』（旬報社、既出）は、そのための一つのヒントを提供しています。

上野さんは五歳児の秋に、チーム対抗のしっぽとりやパスボールというゲームを導入しました。しかし、保育者がいっしょに遊んでいるうちは楽しいのですが、保育者が抜けるとあそびがこわれてしまうのです。子どもたちだけで相談して、あそびをつくり出していく力をつけていくことが必要だと考えられました。そのために上野さんがとった手だては次のようなことでした。

しっぽとりでもパスボールでも、やはり上手な子と苦手な子がいます。上手な子は自分たちのチームを勝たせようとしてがんばるのですが、苦手な子がミスをすると、激しく非難する結果となります。他方、苦手な子は自信がないため、ボールが回ってきてもすぐに上手な子に渡してしまって、あそびの主体になりきれません。話し合いをしても、遠慮してしまって発言することができません。

そこで、上野さんはクラスを赤白の二チームに分けたうえで、さらにそれぞれのチームをAB二つのチームに分けることにしました。Aチームには得意な子を集め、Bチームには苦手な子を集めました。そして、赤のAチームと白のAチーム、赤のBチームと白のBチームで対戦することにしました。Aチームが試合をしているときには、Bチームの子は応援にまわります。Bチームが試合をするときには、Aチームの子が応援をします。

このような編成に変えたところ、子どもたちの動きに変化が出ました。Aチームの子どもたちは得意な子どもばかりですから、自分たちの力を存分に出し合って、白熱した試合となります。他方、Bチームの子どもたちは、それぞれがひるむことなく、堂々とあそびに参加することができました。AとBに分かれてはいても、勝敗は赤と白という二チームの対抗ですから、Bチームでがんばった子どもも、赤または白という自分のチームの勝利に貢献できるわけです。こうして、すべての子どもがあそびの主体として参加することができるようになりました。すると、話し合いの場面でも、苦手な子も積極的に発言できるようになり、得意な子も苦手な子に対してBチームでがんばったという評価や励ましができるようになりました。

このようなあそびを秋から冬にかけて十分遊んだあとでは、保育者が抜けても、子どもたちだけでチーム対抗のあそびが続くようになりました。さらに、子どもたちどうしで相談して次つぎと新しいあそびをつくっていくようになり、生活のなかでも相談や協力がふつうのことのように行われるようになりました。

このクラスの卒園式に私も出席したのですが、鮮やかな子どもたちの動きに感動したことを覚えています。式典のあと、二五人の子どもたちが自分の得意技をたくさんのお客さんの前で披露する場面がありました。ある子は跳び箱を、ある子は創作ダンスを、また別の子は竹馬を披露しました。つよしくんが跳び箱を跳んだときのことです。自信満々ではりきって跳んだため、その勢いで跳び箱が倒れてしまいました。すると、まわりで見ていた子どもたちが誰の指示もないのにパッと出てきて跳び箱の位置を直したのです。卒園式が終わったあと、私は担任の上野さんに、跳び箱が倒れたら誰が直すかということを、あらかじめ打ち合わせていたのかとたずねました。そういう打ち合わせはまったくなかったそうです。子どもたちの自発的な動きでした。自分の番ではなくても、自分たち全員でつくる卒園式だから、困ったことがあったらすぐに手助けに飛び出していく。そういう子どもたちに育っていたのでした。

みんなで相談して、役割分担をして、全員で一つのことをつくり出していく力が、さまざまな場面で発揮できるようになっていく。そうすることによって、一人ではできないとてもすばらしいことを実現することができます。三歳児期に見られた自信満々は、たしかな力の裏づけを得て、五歳児でもう一度輝きはじめます。それが五歳児の最後の、ほれぼれする姿なのではないでしょうか。

自分を受け入れ、相手を認めるゆとりある五歳児の自我

五歳児の自我

自我は、自分を主張することとして理解されていますが、私は、自分を意識することを基礎として、一方では、自分の価値を自分に知らせ、自分の力が発揮できるように導く心理作用であり、他方では周囲の人びととの関係を自分に知らせ、よりよい関係をつくるように自分を導いていく心理作用だと考えています（神田英雄『伝わる心がめばえるころ』参照）。

そのような見方で五歳児の自我を見つめるならば、認識能力の育ちと人間関係の育ちに基礎づけられた、ゆとりある安定した姿が五歳児の終盤の自我であろうと考えられます。

四歳児の融通のきかないきまじめな時代を乗り越えて、ものごとのさまざまな側面に思いをめぐらせることができるようになった五歳児は、何よりもまず、自分を受容する自信

を育てていきます。できるかな、できないかな？　という揺れを乗り越え、これまでの経験をもとに、工夫したらできるようになるかもしれない、練習したらきっとできる、という見とおしをもつことができるようになっていますし、できなかったとしてもそれだけで自分がすべて否定されるわけではないというゆとりも生まれています。それは、自分で自分を受容するということではないでしょうか。

ドッジボールが苦手で、五歳児の途中までドッジボールを避けていたAくんとBくんの二人は、あることをきっかけにして、「自分は逃げるのはうまい」ということに気づきました。一二月のある日、二人はドッジボールに参加して、作戦会議で次のように発言しました。

Aくん「ぼくとか、女の子はさ、当たらないように逃げるっていうのはどう？」
Bくん「かたまってると当てられるよ」
他の子ども「じゃあ、みんなばらばらになって逃げて！」
Bくん「おれ、〝逃げるのチャンピオン〟だもんね」（さくの幼稚園、既出）

ドッジボールが苦手だという自分を受容し、けれどもドッジボールを避けないで、自分なりの参加で、自分なりの活躍の場を見つけていることが分かります。

友だちとの関係でも、自分の意見を主張するだけではなく、友だちの意見も受け入れ、両者の考えに折り合いをつけたり、「じゃあさ、こうしたらどう？」と第三の意見を考え出したりして、自分も相手も大切にするというゆとりも発揮されます。

上下関係でぎくしゃくしていた友だち関係も組み直して、相手の多面的な特徴を理解して、相手に応じた関わり方をする〝ふところの深さ〟を発揮する子どもも出てきます。

一月のある日、男の子たちが数人でサッカーをしていました。けんいちろうくんの蹴ったボールが、たかしくんの顔面に当たってしまいました。たかしくんは痛かったようで、顔を押さえています。かけるくんは、たかしくんの痛そうなようすを心配しながら、けんいちろうくんに向かって、穏やかな口調でこう言いました。

「けんいちろう、今のはイエローカードだ」

保育者が「レッドカードではなくてイエローカードなの？」とたずねると、かけるくんは「けんいちろうは、レッドカードと言うと泣くからな。泣かないようにイエローカードと言ったんだ」と答えました（鈴木奈緒美さんの記録による）。

かけるくんは数か月前までは友だちを力で従える、「ボス」的なところのある子どもでした。友だちに命令をして、別の友だちの持っているものを奪って来させたこともあります。その子が、相手の特徴を理解して、相手を追いつめないように配慮した言い方ができるまでに育っていたのです。かけるくんの姿からは、相手を従わせようとしてきゅうきゅうとする時代もあったけれど、それを乗り越えて、人と人との関係をゆとりをもって見つめ、相手の特徴に応じて関わっていけるまでに大きくなった自我の育ちを見ることができるのではないでしょうか。

もちろん、このような育ちがすべての子どもにおとずれるわけではないでしょう。しかし、保育者の援助と指導のもとで、自分たちのやりたいことを実現し、友だちと関わる経験を豊かにくぐりぬけてきた五歳児の一つの到達点、あるいは可能性として、知っておきたいと思います。

第4章

少年期への育ちを見とおす

三〜四年生の知的な飛躍

前章まで、三歳児から五歳児までの発達の特徴について述べてきました。六歳のお誕生日を過ぎて春を迎えると、子どもたちは「幼い」という名のつく時代を終えて、少年期へと巣立っていきます。少年期以降、発達のスピードは乳幼児期よりもゆっくりにはなりますが、大人になるまでには、なお幾度かの大きな変わり目を経験していくことになります。最終章では、次の大きな変わり目と言われる小学三年生〜四年生ごろの変化を説明し、それとの関わりで幼児期から少年期への切り替わりに光を当ててみたいと思います。

知的な側面から見ていきましょう。

三歳児から五歳児までは、「だから」「けれども」という接続詞を使って文を駆使し、ものごとのつながりをしだいに自覚するようになってきました。三歳児のころはことばと事実との照合が不十分であるため、事実の報告のなかに想像がまざったり、主張のなかにへリクツがまざったりしましたが、事実とことばとを照合させる経験の積みあげのなかで、五歳児クラスの終盤には、つながりを多面的に理解して、論理的な認識能力に到達しました。豊かな経験とことばの育ちとを車の両輪として論理性に到達するまでのプロセスが、幼児期の認識能力の成長であったと言えるでしょう。

三～四年生ごろからは、また新たな認識の世界が開かれていきます。それは、直接的には経験できないことであっても、ことばで説明されたことを概念として理解し、概念と概念とを結びつけて論理的に考える力が育っていくことです。

尾崎勝さんと西君子さんの『学級担任のための児童理解必携』（教育出版、一九八〇）が、分かりやすい例をあげているので紹介しましょう。

子どもに「ミカンよりリンゴは大きい。リンゴより、スイカが大きい。では、スイカとミカンとリンゴでは、どれがいちばん大きい？」という質問に、小学校一年生のほとんどの子どもは正答することができます。ミカン、リンゴ、スイカはどれも経験できるので、イメージを浮かべて比較をすれば、答えが導かれるからです。そこで、少しひねって「ミカンより小さいリンゴがあったんだって。リンゴより小さいスイカがあったんだって。じゃあ、そのなかでいちばん小さいのはどれ？」という第二の問題をつくりました。基本的なむずかしさ（三つのものを比較すること）は第一の問題と変わりませんが、リンゴよりも大きいミカンや、リンゴよりも小さいスイカは見たことがなく、経験を活用できないという点で、第一の問題とは異なります。

第二の問題への正答率は、小学校一年生では約五〇パーセントにまで下がってしまいました。経験できないことをことばだけで想定し、そのうえで考えるということが、低学年の子どもにはむずかしいことが分かります。しかし、正答率は急速に伸びて、四年生では約八〇パーセントの子どもが正答しました。

このような力が、九、一〇歳ごろに獲得される新しい可能性です。

三年生で導入される「小数」や四年生の「分数」は日常生活ではなかなか経験できないことがらです。五年生で導入される「割合」は、割った数で示すという点では分数と同じですが、それを一つの単位（たとえばパーセント）とし、その単位を活用して考えるという点で分数よりもむずかしいものです。「野球選手のAが一〇回打席に入って三本ヒットを打った、Bは五回打席に入って二本ヒットを打った。どちらの選手の方が上手でしょう」という問題を考えるためには、経験そのままで考えると「三本対二本だからA選手の方が上手だ」という結論になってしまいます。正答するためには、打率という単位に換算し、そのうえで比較しなければなりません。ことばで説明される概念（単位）をもとに論理的に考えるという意味において、幼児期以来の考え方とは質的に異なる思考が求められ、成立してきます。

体験できないことがらをことばで定義し、それをもとに思考を進めることを「抽象的思考」と呼びます。小学校のなかごろ、抽象的思考が成立するために、それ以前とは質的に異なる認識の世界が開かれていきます。

育ちはじめた抽象的な思考力は、少年期の豊かな経験を経て、「友情とは?」「本当のやさしさとは?」と自らの生き方を問う力へと成熟していきます。九、一〇歳は、幼児期のなごりがすっかり消えて、思春期・青年期への入り口に立つ時期だと言えるでしょう。

三~四年生ごろの知的飛躍は経験から学ぶ範囲を超えたものですから、生活経験を豊かにするだけでは到達できません。ことばを駆使した系統的な学習活動によってのみ、抽象的な思考力は獲得されます。この点に、学校教育の特別の意味があります。

幼児期に子どもたちは経験を通して思いをめぐらせる力を育て、経験できることに関してならば論理的に考えるところまで成長してきました。それは幼児期の到達点であると同時に、学校教育を吸収して抽象的な思考力を育てていく出発点にたどり着いたことでもあります。

三、四年生ごろの自我の育ちと人間関係の新たな展開

❶…心を秘めはじめるころ

自我の育ちという点でも、三、四年生ごろに大きな転換点があるようです。自分の心を自分だけの大切なものとして、他者からかくしはじめるということです。

息子が一年生のときに、近所の二年生と四年生の友だちを連れて「ドラえもん」の映画を観に行ったことがあります。楽しくてたまらない一年生と二年生の二人は、映画館に行く道すがら、大きな声で映画の主題歌を合唱していました。「ドラえもん」が楽しみでウキウキしている気持ちが、すれちがうすべての人に見え見えです。ところが、四年生の創《はじめ》くんは彼らよりも二～三メートル離れた路地の反対側を、まるで他人のような風をして黙も

くと歩いていました。楽しそうなそぶりを見せないので、引率している私は「創くんは『ドラえもん』が好きではなかったのかな? 好きでもないのにむりやり連れてきてしまったのかな?」と心配になって、聞いてみました。

「創くんはドラえもんは好きじゃなかったの?」

するると、彼は、こう答えたのです。

「ううん、好きだよ。でも、恥ずかしいからはしゃがないの。でも、去年まではぼくもはしゃいでいたから、あの子たちの気持ちも分かるよ」

心のなかの楽しさを素直に表現してしまう一、二年生と、心のなかをかくす四年生。二人と一人のあいだに、明らかにちがいがあります。

学校の帰りぎわに友だちとケンカをしたとき、くやしくても友だちの前で涙を見せると負けになるので、子どもは必死で涙をこらえます。走って家に帰り、玄関先で「おかえり」と出迎えたおかあさんの顔を見たとき、安心感で緊張の糸が切れ、涙をボロボロッとこぼして大声で泣き出すのが一、二年生です。おかあさんは子どもの涙にびっくりして、「どうしたの? 何かあったの?」と事情を聞き出すことができるでしょう。ところが四年生はまったくちがいます。涙をこらえて帰ってくるのは同じですが、玄関の戸を開ける前に立ち止まり、「まさか涙は出ていないだろうな」と自分をふりかえって涙を拭います。そして、努力して笑顔をつくって玄関を入って来ます。おかあさんが「あら、楽しそうね。何かいいことあった？」と質問すると、「ううん、別に…」と言って自分の部屋へ駆け込み、一人になってから泣くのが四年生です。

このように、一～二年生は、自分の内面が他者につつ抜けになることをいといません。むしろ、自分の気持ちを親に分かってもらうことによって慰められ、勇気づけられるという点で、幼児期の延長線上にあると言えるでしょう。ところが、三～四年生になると、「恥ずかしいからはしゃがないの」と答える創くんのように、子どもたちは自分の内面は自分だけのものとして、他者の目からかくしはじめます。球技大会が雨で中止になったとき、親どうしが「うちの子、はりきっていたのに残念だわ」と会話をすると、三年生が「おかあさん、『はりきっていた』なんていうと恥ずかしいじゃないか」とちいさい声で抗議する場面も見られます。授業中に分かっていても手をあげず、先生に話しかけられるとぶっきらぼうにしか答えない姿も出てくるわけです。このころから、学校でいじめにあっても、友だち関係に悩んでいても、親や先生にはがんとして伝えない姿も出はじめます。

秘める心のはじまり。それは、大人に頼るのではなくて、自分のことは自分で処理しようとする、人格の自立へ向けた力強い一歩だと言えるでしょう。

人間関係を自覚しはじめる四歳児は、好きな男の子や女の子ができると、「ぼく、○○ちゃんと結婚する」とあからさまに表現しました。しかし、青年期になると、好きな相手に気持ちを伝えず、秘めるようになります。三、四年生は、自我の成長という点でも幼児期を完全に脱して、思春期・青年期への入り口に立っています。

❷…友だちのなかでの自立…

大人に心を明かさなくなるということは、孤独になるということでもあります。「成長するとは孤独になることなのか?」と問われれば、ある意味では「イエス」と答えなければなりません。

しかし、大人には語れなくても、親しい友だちとのあいだであれば語り合えることがたくさん出てきます。小学校なかごろからは、友だちの意味がそれ以前とは比較にならないくらい大きくなると言えるでしょう。そして、大人に依存しなくてもよい分だけ、自分たちの世界を大きく広げていきます。

寺元潔氏は、小学生の生活地図を生態学的に調査して、大人の世界とはちがう子どもの世界が小学生のころに開かれることを示しています。

たとえば、草木で囲まれた林の中や他人の家の庭や工場の中、建物と建物の間の細い隙間などの本来は道ではないところを子どもたちは「抜け道」あるいは「近道」として利用し、ルートとして確立している。それは「けもの道」に対応する「子ども道」とよべるようなものであり、また、子どもたちの遊び空間の中には「おばけ屋敷」「おばけ山」「底なし沼」などと名づけられた「こわい場所」がしばしば登場して、子どもたちの世界に独特の雰囲気をつくり出している。（寺元潔『子どもの知覚環境』、地人書房、一九九四）

精神的な自立が始まった子どもたちは行動半径を広げて、大人の目の届かないところで遊びはじめます。そして、大人に意識されるのとはまったくちがう「子どもの地域」を活用しながら、「地域の主人公」として活躍するわけです。中・高学年は、自由と驚きと楽しさにあふれた最も少年期らしい時期です。

私は保育学生二〇〇名を対象として、「友だちとの出会い直し」について、簡単なアンケート調査をしたことがあります。自分のこれまでの二〇年間をふりかえって、友だちとのつきあいが深まったというプラスの体験でもいいし、友だちとつきあうのがむずかしくなったというマイナスの体験でもいいから、友だち関係の転機となった経験がいつごろあったのかを答えてもらいました。記憶に基づいた調査ですから信頼性はそれほど高くはないのですが、結果は次のようでした。

一位　高校一年生ごろ…三六・二パーセント
二位　中学一年生ごろ…二八・三パーセント
三位　小学五年生ごろ…二四・四パーセント

四位　小学一年生ごろ…一六・五パーセント

高校一年、中学一年、小学一年は、学校が変わるときですから、友だちとのさまざまな出会いがあってもおかしくありません。注目したいのは、第三位に小学五年が入っていることです。大人からの自立が始まった三、四年生のあと、大人からは離れた分だけ、友だちのなかへ深く入って行くことを意味しているとは言えないでしょうか。友だちに信頼できる面を見つけて深く結びついていくことであるかもしれないし、逆に、友だちとのつながりに気をつかって、苦しくなることかもしれません。いずれにせよ、小学校の高学年ごろ、友だちとの関係がまた一つ転換していきます。

第三章で、六歳を迎えるころに「嘘」が出やすくなると述べました。幼児期に「なぜ嘘はいけないの?」と質問をすると、「おかあさんが悲しむ」「嘘は悪いことばだから」というような返答が返ってきます。しかし、三、四年生を越えたあとで同じ質問をすると「嘘は裏切りだから」という返答に変わります。大人に告げ口をしない責任ある人格として自立しはじめたとき、本当の意味での嘘の理解が生じるのではないでしょうか。嘘の克服が始められています。嘘の克服とは、嘘をつかなくなることではありません。人間は一生嘘とつきあっていくし、必要に応じて嘘をつかなければならない場面もあるからです。嘘を克服するというのは、嘘の意味を自覚し、嘘をつかなければいけないときには自分の責任において判断するようになるということです。

幼児期に「嘘」が出たとき、嘘がなぜいけないかを教えなければならないけれど、子どもが恐怖感をもつまで叱らなくてもよいと第三章で述べました。それは、このような発達の見とおしがあるからです。

小学校低学年の位置

三、四年生を境にして、子どもたちは青年期へ続く門扉を開きます。では、小学校の低学年はどのような時代でしょうか。これまで述べてきたことを総合すれば、大人に分かってもらいたい気持ちを一方に残しつつ、他者の気持ちも分かりつきあい方も分かって、友だちとのあそびがかつてなく楽しくなる時期でもあると位置づけられるのではないでしょうか。大人と遊ぶのも楽しいし、友だちと遊ぶのも楽しい。少年期の色と幼児期の色とがまざり合った時代が小学校低学年です。

もう幼児ではないのですから、自分の仕事として「勉強」という課題が与えられますが、大人とのあそびも楽しんでいたいという気持ちが残っています。

今、子どもたちが荒れていると言われます。授業時間中座っていられないので授業が成り立たなくなる状況が、「学級崩壊」と呼ばれることもあります。二〇〇三年の日本保育学会第五六回大会で、「子どもたちの『変化』と保育・教育実践の課題〜幼保小連携への一つのアプローチとして〜」というシンポジウムがもたれました。話題提供者の一人であった山崎隆夫さん（東京都品川区の小学校教諭）は、次のように発言されています。

自分の担当する一年生のクラスでは、学級崩壊的な現象はまったく見られない。そのかわり、私は三〇年の教師生活でかつてなかったほど、今年は子どもたちといっしょに遊んでいる。

幼児期はあそびを中心として生活が組み立てられます。小学校以上では、年齢が進むにつれて学習のウエイトが大きくなります。しかし、小学校低学年は、あそびと学習とがまざり合った時期。あそびから学習への急速で不連続な切り替えなのではなくて、二つが共存しながら少年期への準備をしていく時期なのではないでしょうか。

おわりに

保育士をしている山内三帆さんが、次のような三歳児の姿を記しています。

四月はじめ。朝から大泣きだったTくんが、園長先生に抱っこされて園をひと回りしてきたあと、

「お母さん、泣いてもこん、泣かんでもこん」

と言いながら私の膝に入ってきました。

園長先生に「泣いとると、お母さん来ないよ」と言われたのかな。

泣くのを必死でがまんしてもお母さんは来ないし、泣いても来ないし、も〜どうしたらいいの？

そんなどうにもならない気持ちがすごく伝わってきて、思わず、ギュッと抱きしめてしまいました。

親や保育者の表情とまなざしを勇気の糧として活動するのが乳児期でした。三歳児の前半はまだ乳児期。おかあさんが見つからないので、不安に押しつぶされてしまうTくんの気持ちがよくわかります。

三歳児は幼児期のはじまりでもあります。「泣きやめばおかあさんが迎えに来るかもしれない」という言語的な見とおしを頼りに、Tくんは不安と闘っています。そのけなげさが胸を打ちます。

幼い者は、幼いがゆえに一人では生きていけません。子どものなかに育ちつつあるものを理解するだけではなく、安心感のよりどころの変化も合わせて理解することが、発達を理解することなのではないでしょうか。

本書を執筆して、たくさんの「分からないこと」や「不安なこと」をかかえながら、自分の力の及ぶ範囲では精一杯に生きようとする子どもの真剣な姿に改めてふれたように思いました。けなげさを理解することが子どもを大切にするということなのかもしれません。

「あなたの力の及ぶ範囲では精一杯がんばってね。力が届かないところは、しっかりと守ってあげるから。」そういうメッセージを子どもたちに届けられる世界でありたいと思います。


本書は、たくさんの保育者のおかげで書きあげることができました。

たくさんの実践記録を引用させていただきました。引用の際には、支障のないかぎり実践者のお名前を記すことで、感謝の気持ちを表させていただきました。

直接関わった保育者から学んだだけではありません。日本の各地で、私が考えていることをたくさんの保育者に聞いていただきました。話をするために整理したことが、本書の内容になっています。子どもを守り続ける保育者の姿勢は、いつも私の励みでした。記して、感謝の気持ちを表したいと思います。

保育者をめざす若い学生たちの「理想」からも、いっぱいエネルギーをもらいました。いくつかの実習記録は本文中に引用させてもらっています。

前著『0歳から3歳』を出版してから七年。全国保育団体連絡会の実方伸子さんと和多田雅子さんは、なかなか執筆にとりかからない私を、本当に辛抱強く待ってくださいました。お詫びの気持ちもこめて、心からお礼を申しあげます。

最後に、二人の息子たちへ。未熟な父親は、あなたがたからもたくさんのことを学びました。末尾に、感謝の気持ちを記させてください。

二〇〇四年五月五日

神田英雄

神田英雄●かんだ・ひでお
1953年、埼玉県生まれ。
名古屋短期大学、桜花学園大学教授など歴任。
発達心理学専攻。
2010年3月没。
主な著書に
『0歳から3歳――保育・子育てと発達研究をむすぶ〔乳児編〕』(全国保育団体連絡会)
『保育に悩んだときに読む本――発達のドラマと実践の手だて』(ひとなる書房)
『伝わる心がめばえるころ――2歳児の世界』(かもがわ出版)
『子どもの「変化」と保育実践――「荒れる」「キレる」をのりこえる』(共著、全国保育団体連絡会)
などがある。

3歳から6歳――保育・子育てと発達研究をむすぶ〔幼児編〕

2004年 8月25日　初版第1刷発行
2022年 10月25日　第11刷発行

著者――神田英雄

編集――全国保育団体連絡会

発行所――ちいさいなかま社
〒162-0837 東京都新宿区納戸町26－3　保育プラザ
TEL 03-6265-3172(代)
FAX 03-6265-3230
URL http://www.hoiku-zenhoren.org/

発売元――ひとなる書房
〒113-0033 東京都文京区本郷2－17－13　広和レジデンス101
TEL 03-3811-1372
FAX 03-3811-1383
Email:hitonaru@alles.or.jp

印刷所――光陽メディア

ISBN 978-4-89464-078-8 C3037

写真提供――愛知・ほしざき保育園
愛知・こすもす保育園

ブックデザイン――阿部美智(オフィスあみ)